パーフェクトレッスンブック

ソフトテニス
基本と戦術

PERFECT LESSON BOOK

監修 小野寺 剛（早稲田大学軟式庭球部監督）

実業之日本社

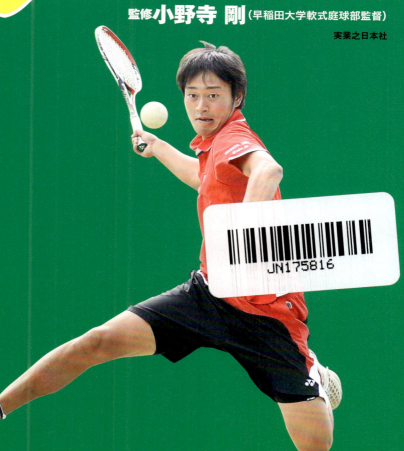

はじめに

物事の上達を目指す人は「どうやったらうまくいくんだろう?」と悩み、葛藤します。上達を果たした人は「こうやったらうまくいくのに……」という回答を持っています。

できないことをできるようにするための早道は、できる人からアドバイスをもらうことです。「自己流」でうまくなろうとすると、必ず遠回りします。なぜなら、そこに、うまくなるための基本がないからです。

この本ではソフトテニスで必要なすべてのショットを紹介しています。基本がしっかりしたトップ選手の連続写真を見るだけでもタメになるはずです。さらにうまくなるための「コツ」をポイント欄で取り上げています。これが基本に当たる部分です。練習してうまくいかなかったら、この本をもう一度読んで、基本に立ち戻ってください。基本ができれば、加速度的に高い技術が身についてきます。また、調子が悪くなったときも、基本に戻ることで上昇のきっかけをつかめるはずです。

後半部では、実戦に即した練習法や、試合で使える基本的戦術を取り上げています。うまくいかなくなったとき、試合に勝てないときに、本書のことを思い出し、何度も、何度も読み直してください。きっと悩んでいることに対する回答が見つかるはずです。

目次

002-003 **はじめに**

010-011 **第1章 ソフトテニスってどんなスポーツ？**

012-013 **日本生まれの競技**

014-015 **ラケット、ボール、コート**

016-017 **ラケットの握り方**

018-019 **基本の構え方**

020-021 **うまくなるのはこんな人**

022-023 **第2章 ストローク編**

024-025 **フォアハンドの基本とポイント**

026-027 **サイドストローク**
腰の高さで打つベーシックストローク

028-029 **サイドストローク**
腰の高さで打つときにおさえるポイントは？

030-031 **アンダーストローク**
膝の高さで打つ安定感が高いストローク

032-033 **トップストローク**
肩より高い打点でボールを叩く攻撃型ストローク

034-035 **トップストローク**
高い打点でボールを叩いてポイントを狙おう

036-037 **ロビング** 時間を作る守りのロビング

CONTENTS

- 038-039 **中ロブ** 相手の陣形を崩す攻撃のロブ
- 040-041 **カット** スライス回転をかけたストローク
- 042-043 **回り込みフォアハンド** バック側のボールをフォアに回り込んで打つストローク
- 044-045 **引っ張り** クロスに引っ張って打つストローク
- 046-047 **流し** 逆クロス（ストレート）に流して打つストローク
- 048-049 **カットサーブのリターン** カットサーブをミスせずに返球するリターン
- 050-051 バックハンドの基本とポイント
- 052-053 **サイドストローク** 腰の高さで打つベーシックストローク
- 054-055 **サイドストローク** 腰の高さで打つベーシックストローク（女子）
- 056-057 **アンダーストローク** 膝の高さでドライブをかけて打つストローク
- 058-059 **トップストローク** 肩より高い打点で打つ攻撃型ストローク
- 060-061 **ロビング** 体勢や陣形を立て直す守りのロブ
- 062-063 **ロビング** 絶対に失敗しないバックハンドロブ
- 064-065 **カット** 攻めにも守りにも流用できる使い勝手がいいショット
- 066-067 **引っ張り** バックハンドでクロスに引っ張って打つショット
- 068-069 **流し** バックハンドでストレートに流して打つショット

- 070-071 **第3章 ボレー編**
- 072-073 ボレーの基本とポイント

目次

- 074-075 **基本のフォアボレー**
  定位置のままフォアハンドで打つ基本ボレー

- 076-077 **ランニングボレー**
  フォアハンドで横に動きながら打つボレー

- 078-079 **ランニングボレー**
  女子選手のフォアハンド ランニングボレー

- 080-081 **ハイボレー**　高い打点でボールを叩くフォアハンドボレー

- 082-083 **ハイボレー**　女子選手のフォアハンド ハイボレー

- 084-085 **ローボレー**
  腰より低い打点でボールを打つフォアハンドボレー

- 086-087 **ローボレー**
  女子選手のフォアハンド ローボレー

- 088-089 **基本のバックボレー**　定位置で打つストレート系のバックボレー

- 090-091 **ランニングボレー**　横に走りながら打つバックハンドボレー

- 092-093 **ランニングボレー**　女子選手のバックハンド ランニングボレー

- 094-095 **ハイボレー**　高い打点で叩くバックハンドボレー

- 096-097 **ハイボレー**　女子選手のバックハンド ハイボレー

- 098-099 **ローボレー**　腰より低いボールを打つバックハンドボレー

- 100-101 **第4章 スマッシュ編**

- 102-103 **スマッシュの基本とポイント**

- 104-105 **スタンダードスマッシュ**
  定位置でチャンスボールを叩く基本のスマッシュ

CONTENTS

106-107　**後ろから前へ動いて打つスマッシュ**
　　　　　ネットに詰めて打つ失敗しないスマッシュ

108-109　**ネット前から下がって打つスマッシュ**
　　　　　軸足踏み切りのジャンピングスマッシュ

110-111　**ネット前から下がって打つスマッシュ**
　　　　　両足踏み切りのジャンピングスマッシュ

112-113　**第5章 サーブ編**

114-115　サーブの基本とポイント
116-117　**オーバーハンドサーブ**　フラットサーブ
118-119　**オーバーハンドサーブ**　スライスサーブ
120-121　**オーバーハンドサーブ**　リバースサーブ
122-123　**ショルダーカットサーブ**
　　　　　肩口で打ってアンダースピンをかけるサーブ
124-125　**アンダーカットサーブ**　フォアハンドのカットサーブ
126-127　**アンダーカットサーブ**　バックハンドのカットサーブ
128-129　**前衛のサーブ**　確実に入れるファーストサーブ
130-131　**前衛のサーブ**　サーブからファーストボレーにつなぐ

132-133　**第6章 後衛が左利きのときは？**

134-135　**後衛が左利きのときは？**　パートナーが左利きのときの戦術
136-137　**後衛が左利きのときは？**　相手の後衛が左利きのときの戦術

目次

138-139	**第7章** ストローク練習法	
140-141	ストロークの練習法	一本足で打つ練習
142-143	ストロークの練習法	ノーバウンド打ち、左右回り込み
144-145	ストロークの練習法	前後2本打ち
146-147	ストロークの練習法	連続回り込み
148-149	ストロークの練習法	フォアハンドシュート3本打ち
150-151	ストロークの練習法	フォアハンドのコンビネーション
152-153	ストロークの練習法	フォアハンドで攻守を切り替え

154-155	**第8章** ボレー練習法	
156-157	ボレーの練習法	手投げローボレー、手投げスマッシュ
158-159	ボレーの練習法	4コースボレー
160-161	ボレーの練習法	4本取りパターン1
162-163	ボレーの練習法	4本取りパターン2
164-165	ボレーの練習法	打ち返しボレー4コース
166-167	スマッシュの練習法	4コーススマッシュ
168-169	前衛がネットを取る練習法	サーブ&ボレー

170-171	**第9章** 陣形別攻撃パターン	
172-173	陣形別攻撃パターン	4つの陣形の特色

CONTENTS

- 174-175 **雁行陣からの攻撃パターン**
  攻撃パターン①「ポーチ」、②「ストレートロブ」

- 176-177 **雁行陣からの攻撃パターン**
  攻撃パターン③「逆クロスのレシーブ側展開」

- 178-179 **雁行陣からの攻撃パターン**
  攻撃パターン④「ロブ展開からのアタック止め」

- 180-181 **雁行陣からの攻撃パターン**
  攻撃パターン⑤「ロブ展開からのスマッシュ決め」

- 182-183 **雁行陣からの攻撃パターン**
  攻撃パターン⑥「クロスからストレート展開でボレー決め」

- 184-185 **ダブルフォワードからの攻撃パターン**　クロスのサーブから

- 186-187 **ダブルフォワードからの攻撃パターン**　逆クロスのサーブから

- 188-189 **ダブルフォワードで攻撃されたら**　ショートクロスにレシーブ

- 190-191 **ダブルフォワードで攻撃されたら**　逆クロスでショートクロスにレシーブ

- 192-193 **ダブルフォワードで攻撃されたら**　ロビングで相手を下げる

- 194-195 **ダブル後衛からの攻撃パターン**　粘り強くボールをつなぐ

- 196-197 **ダブル後衛からの攻撃パターン**　ロブを使う

- 198-199 **Iフォーメーションを使った攻撃①**

- 200-201 **Iフォーメーションを使った攻撃②、③**

- 202-203 **Iフォーメーションを使った攻撃④**

- 204-205 **Iフォーメーションで攻撃されたら**

- 206-207 **あとがき**

第1章
ソフトテニスってどんなスポーツ？

さあレッスンのスタートです。まず最初のパートでは、ボールを打つ前に知っておいてほしい「ソフトテニスの基礎知識」を紹介することにします。とくにラケットの握り方や正しい構え方は、上達する上で欠かすことができない大切な部分。しっかり頭に叩き込んでください。

日本生まれの競技

　ソフトテニスは、硬式テニスをベースに、日本で生まれ、すでに100年を越える歴史があります。硬式テニスボールの入手が困難だったことや高価だったことから、ゴム製ボールを競技に導入したのが軟式テニスの事始めでした。

　柔らかいボールを使うことで、軟式テニスは独自の進化を遂げていきます。反発力が低いゴムボールを使うことで、硬式よりもはるかにラリーが続くようになったのです。そこで発達したのが戦術です。ダブルスを中心にプレイされてきた軟式テニスは、「前衛」と「後衛」に役割分担することで、競技としての面白さがいっそう増すことになりました。

　「軟式テニス」の名称は、1992年に「ソフトテニス」と変更されて、日本では中学、高校の部活動をはじめ、約700万人の愛好者がいます。また、1994年からはアジア大会の正式種目に加えられ、東南アジアを中心に、世界的な広がりを見せています。

進化するソフトテニス

　雁行陣ダブルスが主だったソフトテニスですが、いまではダブル後衛やダブルフォワードの陣形も多く見られ、また、シングルスをプレイする機会も増えて、ボレー＆スマッシュの「前衛」、ストロークの「後衛」という括りでは通用しなくなりつつあります。

　特に進化しているのがストロークです。遠くでボールを打つシルエットだけ見たら、ソフトテニスをやっているのか、硬式テニスをやっているのかわからないほどです。本書を通じて、変ることがない基本と、最新のテクニックを身につけてもらいたいと思います。

ラケット、ボール、コート

ラケット

　ラケットは大きく分けて、ストロークプレイヤーが使う「オープンスロート」、「モノスロート（一本シャフト）」タイプと、ボレープレイヤーが使う「オープンスロート」タイプの2種類があります。大切なのは、それぞれのプレイスタイルにあったラケットを選ぶことです。また、ストリングスやテンションを工夫して、ラケットとのベストマッチを探すことも重要です。1本目に購入したラケットが「ばっちり！」ということは稀です。プレイの成長に伴って欲しくなる2本目のラケット選びを慎重に行いましょう。

ストロークタイプのモノスロート・ラケットは、シャフトのしなり、トルク（ねじれて戻る力）が大きいのが特徴。ドライブ性能が高いので、ボールに強く回転をかけて打つ選手に支持されている

ストロークタイプのオープンスロート・ラケットは、しなりがありながら、面のねじれが少ないのが特徴。フラット系のストロークを打つ選手に支持されている

ボール

　ボールはゴム製で、直径6.6cm（±0.1cm）、重さは30〜31gと決められています。また、最適な空気圧は、1.5mの高さから落としたときにボールの下端で70〜80cmまでの範囲に弾む状態です。空気が抜けたボールで練習するのは無意味。空気圧には注意を払いましょう。

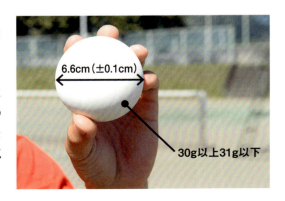

6.6cm（±0.1cm）

30g以上31g以下

ソフトテニスってどんなスポーツ？

コート

コートの大きさは硬式テニスと同じです。ただひとつ違うのはネットの高さ。硬式はネットの中央部をストラップで引っ張って低く（91.4cm）設定しますが、ソフトテニスはネットポスト近くでもセンターでも1.07mの設定です。

ラケットの握り方

3種類の握り方を状況によって使い分けよう

ソフトテニスにおけるラケットの握り方は、ウエスタン、セミイースタン、イースタンの3種類が基本となります。それぞれの握り方は下・右で詳しく紹介していますが、大切なのは「ラケットを思い通りに扱える自分の握り」を探っていくことです。また、プレイの上達に伴って「グリップが変っていく」のは自然なことです。「こう握らなくちゃいけない」とグリップであれこれ悩む必要はありません。

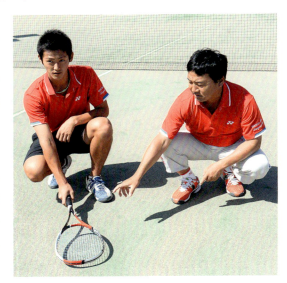

ウエスタングリップ

ソフトテニスではもっともポピュラーな握り方。ボールを打つときに力を入れやすく、ストロークにもボレーにも使えて使用頻度は高い

握り方

ラケットを利き腕下の地面においてグリップを真上から握る。そのまま立ち上がったときにラケット面が地面と平行になっているかチェック

ソフトテニスってどんなスポーツ？

セミイースタングリップ

ウエスタングリップとイースタングリップの中間の握り方。サーブやスマッシュなどのオーバーヘッド系のショットで使うことが多い

握り方

ラケットを利き腕下の地面において斜め45度の角度でグリップを握る。そのまま立ち上がったときにラケット面が写真の状態になっているかチェック

イースタングリップ

手首の可動域がもっとも大きくなる握り方。身体から離れたボールや低いバウンド、またスライスをかけて打つのに適している。最近は、このグリップでサーブを打つ選手も多く見られる

握り方

ラケットを利き腕下の地面に垂直に立てた状態で置き、包丁を持つようにグリップを握る。そのまま立ち上がったときに上から見るとラケットのフレームだけが見えているかチェック

基本の構え方

後衛の待球姿勢

待球姿勢は、相手のボールを待つときの構え方のことです。すべての動作の基本となるのがこの待球姿勢。相手のボールに素早く対応し、自分がもっとも打ちやすい場所に身体を運ぶために正しい構えは欠かせません。構え方を見るだけで「できる人」と見られるようになりたいものです。

ストロークプレイを中心とするベースラインプレイヤー（後衛）は、足を肩幅よりも広めに取り、膝を軽く曲げて、かかとを上げずに足裏全体で立つようにしましょう。このとき、横から見たら写真のような姿勢になっていることが重要です。これがもっとも初動が早くなる「パワーポジション」を取った構え方です。

POINT ①
ラケット一本分よりも広く

通常はラケット1本分くらいとされる足幅だが、トレーニングを重ねたプレイヤーはもっと広いスタンスでボールを待つことができる。ワイドスタンスで構えている相手はかなりの強豪だ

ソフトテニスってどんなスポーツ?

前衛の待球姿勢

ネットプレイヤー（前衛）は、相手から近いポジションにいて、速いボールに対応しなければいけないので、ベースラインプレイヤーよりも素早く反応する待球姿勢が必要になります。そのために心掛けてほしいのがリラックスした構えを取ることです。足幅は肩幅くらいにしてスッと立っている状態（横写真）を作ってください。大切なのは相手の動きをしっかりと目で追うこと。力んだ構えになると逆に動き出しが遅くなってしまうので、できるだけ自然体で構えるようにしましょう。

POINT❷

ラケット一本分よりも狭く

ネットプレイヤーのスタンスはベースラインプレイヤーよりもぐっと狭くなる。これが大きく動くベースラインプレイヤーと速くネットプレイヤーの違いと言える

うまくなるのはこんな人

フットワークが命

　テニスは腕でラケットを操るスポーツと言えます。打ちやすいボールを手出ししてもらったら初級者でもいいボールが打てます。しかし、ベースラインで打ち合うと途端にいいボールが打てなくなってしまいます。なぜなら「足（フットワーク）」が「手」についていっていないからです。

　「テ（手）ニスは足ニス」という言葉があるように、何より大切なのは下半身主導でプレイすることです。フットワークを使って、どんなボールでも、手出しされたときと同じポジションに身体を運ぶことができれば、ラリーは何回でも続きます。また、素早くボールの後ろに入って待球姿勢を作ることができれば、相手を見て、自分の間合いでボールを配球することもできます。そうなればしめたものです。つねに先手を取って試合を組み立てることができます。

　早稲田の練習でも重点を置いているのはフットワーク練習です。学生たちのストロークテクニックはすでに完成しています。しかし、対人競技のテニスでは、相手との駆け引きがあり、相手はつねにこちらのバランスを崩すことを考えてボールを打ってきます。そのときに重要なツールとなるのが「フットワーク」なのです。フットワークが完璧ならば自分のストロークが崩れることはありません。うまくなるのは「足がある人」です。第7～8章ではフットワークも含めた練習法も紹介しています。ぜひ参考にしてください。

右に来たボールでも

ソフトテニスってどんなスポーツ？

深いボールでも

ストライクゾーンを作って打とう！

左に来たボールでも

短いボールでも

前後左右にストライクゾーンを作る

相手のボールが前後左右に散ったときに、フットワークを使ってストライクゾーンに身体を運ぶことができれば、手投げのボールを打つときと同じようにスイングだけに集中できる。こうなればストロークのミスは出なくなる

第2章
ストローク編

ここからはフォアハンド、バックハンド別に、ストロークの基本技術を学んでいくことにしましょう。フォア、バックのお手本を連続写真で紹介しています。イメージを頭に入れてください。また、そのショットをマスターするためのコツも同時に紹介しています。ポイントをおさえながら普段の練習に役立ててください。

フォアハンドの基本とポイント

　ストロークで主となるのは、利き手側のボールに対応するフォアハンドです。思い切りラケットを振れる上に、スイングに自在性があるので、様々なショットを打ち分けることができます。強い選手はみんないいフォアハンドを持っています。

　力強くラケットを振るために大切なのは、身体の軸をしっかりさせた待球姿勢です。これができていれば、体重移動と回転運度を使った理想的なスイングになります。以下のパートでは、フォアハンドで様々なショットを打つときのポイントを連続写真とともに見ていくことにします。

POINT

軸を作ったテイクバック

テイクバックを完了したときにしっかりとした「軸」ができていれば、体重移動と回転運動を使ったスイングになる。これはどの打点で打つときも同じ、重要なポイントだ

ボールの高低に対応する
フォアハンドの3ショット

アンダーストローク

膝の高さあたりで打つショット。ドライブがかけやすく安定したボールを打ちやすい

サイドストローク

腰から胸の高さで打つショット。地面と平行にスイングするので、アンダーストロークよりも速くて強いボールが打てる

トップストローク

肩よりも高い打点から打ち込むショット。フラット気味のスピードボールが打てるもっとも攻撃的なストローク

サイドストローク

ボールを目測しながら ❶
軸足を決めてテイクバック ❷
重心移動しながら ❸

腰の高さに打点を設定しラケットを水平に振り抜く

　バウンドしたボールを腰のあたりで打つのがサイドストロークです。ラケットヘッドを落とさずにテイクバック。水平に振り抜いてフラットな面でボールを捉えるのがポイント。フラットを意識して打ったボールは、スピードがあって力強く、相手コートの深くに行きます。また、スイングの方向を上方に持ってくることでドライブをかけることもできます。膝の高さで打つアンダーストロークよりも難易度は高い打ち方ですが、将来的にベースにしたいのは、ボールを落とさずに打つサイドストロークです。

POINT ❶
地面と水平の打点

インパクトではラケットヘッドが下がっていないかチェックしよう。写真のように地面と水平で、グリップを後ろからしっかり支える形になっていることが大切

腰の高さで打つベーシックストローク

ボールの後ろにラケットを入れる

一気に振り抜いて

左肩上方にフィニッシュ

❹ ❺ ❻

POINT❷
打点は踏み込み足の前が基本

もっともスイングスピードが速いポイントでボールを捉えることが重要。その場所が踏み込んだ左足の前あたり。つねにこの打点でボールをヒットするように！

NG
打点が遅れるのは×

打点が後ろになってしまうとボールには威力が生まれない。写真のように肘が曲がった打ち方になって、打点が身体の中に入ってしまうのはNG

サイドストローク

重心移動しながら

① ボールに合わせて
② 軸足を決めてテイクバック
③

フォロースルーの形をチェック

　腰くらいの打点で打つときに気をつけてもらいたいポイントは、構えたときにリラックスすることです。テイクバックで力が入ってしまうと逆にスイングにスピードが出ません。力を入れるのは「打点」。打つときにグリップを握り込むようにしてください。

　ストロークを打つときに私が特に大事だと思っているのはフォロースルーです。写真のように大きく振り切ることができればスイングが良かった証拠です。フォロースルーが小さくなってしまう人は、構えたときに力が入って「脱力不足」になっているかもしれないので注意してください。

POINT❶
リラックスした構え

構えに入るときはグリップを握り締めずに全身がリラックスしていることが大切。ここで力が入っていると逆にスイングが遅くなってしまう

腰の高さで打つときにおさえるポイントは？

腰の高さでヒット

一気に振り抜いて

ここにフィニッシュ

④ ⑤ ⑥

POINT❷
スペースを作る

身体の前に「失敗しないスペース」があれば自信を持ってスイングすることができる。このスペースを大きくしていくのが練習だ

POINT❸
フィニッシュのラケット位置

しっかりスイングできたかどうかの証がフィニッシュに表れる。背中にラケットがくるくらい振り切ろう！

アンダーストローク

ボールの高さに合わせて ❶
低く構える ❷
重心移動しながら ❸

低い打点のボールにドライブをかけて振り抜く

ワンバウンドしたボールを膝あたりの低い打点で打つのがアンダーストロークです。実戦の中ではもっとも使用頻度が高いショットと言えます。膝を曲げて、腰を落とし、重心を低くして、下から上に振り抜く打ち方になるので、ボールには自然にドライブがかかります。ボールの打ち出し角度は高くなりますが、ボールにはドライブ（順回転）かかっているので、ベースライン際で落ちる軌道になって安定したボールを打つことが可能です。

POINT ❶
重心を低く

ボールの高さに合わせて膝を落とし低重心で構えるのがポイント。軸足の拇指球で地面を蹴れるようなテイクバックを取れれば完璧

膝の高さで打つ安定感が高いストローク

踏み込んだ足の前でヒット

低い姿勢のまま

一気に振り抜く

❹ ❺ ❻

POINT❷
スタンスは大きく取る

低いボールを打つときはスタンスを大きく取って、自然に手元を下げるような形でのインパクトを心掛けよう

NG
ラケットヘッドだけを下げるのは×

低いボールを打つときにラケットヘッドだけを下げるのはNG。スタンスが狭いとこの打ち方になってしまうので要注意

トップストローク

足を合わせて / 軸足を作る / 身体をまっすぐに立てて

❶ ❷ ❸

高い打点から水平に振り抜く

相手のボールが高く、浅く、弾んできたときに、ボールを落とさず肩より高い打点から思い切り叩き込むのがトップストロークです。サイドストロークよりもさらに攻撃的なショットで、直接ポイントに結びつくウィナーになることもあります。ショットを成功させるポイントは、高い位置に構えるテイクバック姿勢。そこから「打ち下ろす意識」ではなく、「水平に振り切る意識」でスイングすることが大切です。

POINT ❶
ラケットをボールより高い位置に

軸足を決めたテイクバックでは、ボールよりも高い位置にラケットを準備するのがポイント

肩より高い打点でボールを叩く攻撃型ストローク

- ボールの高さにラットを準備
- 水平のスイングで
- 一気に振り抜く

❹ ❺ ❻

POINT❷

インパクト時に胸がネット方向に向く

身体の回転を使って打ちたいトップ打ちで気をつけたいのは身体の開きを抑えること。胸が正面を向くのはインパクト時（○）。×のように身体が早く開いてしまわないように注意しよう

インパクト ○

インパクト前 ×

トップストローク

高い打点から水平に振り抜く

　トップ打ちと聞くと、上から下に打ち下ろすようなスイングをイメージしてしまいますが、そのイメージがあるとネットミスが出やすくなってしまいます。大切なのは、高い打点でも水平に振るイメージを持つこと。私は高いところから水平のスイングで、ボールがネット上1、2個のところを通るように狙っています。

　技術的なポイントはまっすぐな身体の軸を作ることです。打つときに身体が前にいかないように注意してください。軸が折れてしまうと水平にラケットを振ることが難しくなってしまうので注意しましょう。中高生なら、腰の高さで振るスイングを肩の高さで行う、くらいのイメージで十分です。

軸を作って身体の回転で打つ

足先から頭までまっすぐの軸を作り、身体を回しながらボールをヒットするイメージを持とう！

高い打点でボールを叩いてポイントを狙おう

肩の高さでヒット

ボールを追うように

一気に振り抜く

④ ⑤ ⑥

POINT ①

NG
煽るようなスイングをしない

写真のようにラケットを煽って打つのはNG。上から下のスイングになるとネットミスが出やすくなるので要注意

ロビング

ボールの高さに合わせて低く構える

大きく踏み込んで

ボールの軌道にラケットセット

❶ ❷ ❸

下半身を使って正確にボールを持ち上げる

　シュートボールよりも高い軌道で前衛の頭を越すショットがロビングです。まず最初は、相手に攻め込まれたときの「守りのロビング」を考えてみましょう。ポイントは「時間を稼ぐ」ボールを打つことです。高くて、ゆっくりしたボールを打って、時間を稼ぎ、自分たちの陣形を整えることが守りのロビングの目的です。軌道の高いボールを打つためには、下から上のスイングが欠かせません。手打ちにならず、下半身を使ったスイングでボールを持ち上げる意識が必要です。

POINT❶
伸び上がるイメージでフィニッシュ

高い軌道のボールを打つためにはフィニッシュで伸び上がるようなイメージを持つことがポイント。そのときに肘も高い位置にきているかチェックしよう

時間を作る守りのロビング

下から上のスイングで

ボールを打ち上げるイメージで

フィニッシュ

POINT❷

下半身を柔らかく使う

守りのロビングで大切なのは高い弾道のボールを打つこと。膝を柔らかく使って下半身主導でのスイングを心掛けよう

後ろ足から　重心移動　前足へ

中ロブ

ボールに合わせて

踏み込みながらテイクバック

ラケットのポジションは

❶ ❷ ❸

攻めのロブで後衛を走らせろ

　守りのロビングよりも低い弾道で前衛の頭を抜いて、相手の後衛を走らせたり、陣形を崩すために使うのが攻めの中ロブです。十分に余裕がある体勢から打つショットなので、相手にロブと読まれないことが大切です。打点を落とさず、ベースラインから中に入って、強打するように見せかけながら、前衛の足を止めることが最大の狙いです。うまく使えるようになると戦術の幅がぐっと広がるので必ずマスターしましょう。

POINT❶
打点を落とさず自分から打ちにいく

通常のサイドストロークを打つときと同じように打点を落とさずに低い弾道のドライブを打つ。前衛の頭上3メートルくらいを越すボールを打つのが理想だ

相手の陣形を崩す攻撃のロブ

❹ ここ / ❺ ボールに回転をかけて / ❻ フィニッシュ

POINT❷

フィニッシュはこの形

攻めの中ロブは「打ち上げるショット」ではないのでフィニッシュ形はこの形になる。守りのロビング上げるときのように「伸び上がる形」になっている人は、この形に修正していこう

攻め / 守り

カット

足を合わせて　高い位置にテイクバック　ボールを引きつけて

❶　❷　❸

短いボールを使って攻めろ

　相手がダブル後衛のときや、シングルスの戦いのときは、コートの前に大きなスペースができています。短いボールをうまく使うことができれば戦術的な戦い方ができます。そこでぜひマスターしたいのがスライス回転で打つカットです。ストロークのスイングは下から上、もしくは水平が基本ですが、カットの場合は、上から下のスイングが基本となります。ボールを浮かさずにネット際にうまく落とすためには練習が必要です。

POINT❶
グリップチェンジを読まれないように

カットを打ちやすいのはイースタングリップ。グリップチェンジして打つ人は、テイクバックしたときに身体で手元を隠し、ウエスタンからイースタンへのグリップチェンジを読まれないようにしよう

ウエスタンから
イースタンにチェンジ

スライス回転をかけたストローク

上から下の スイングで

ボールを 切って

フィニッシュ はここに

POINT❷
ボール切りすぎない

カットはボールの下にラケット面を入れて逆回転をかけるショット。ポイントは慣れるまではボールを切りすぎないこと。写真のようにフォローは前方に持っていこう

NG
フィニッシュが下は✕

ボールを切る意識が強いとラケットを下に抜いてしまうが、これだと距離をうまくコントロールできない。左の写真のようにフィニッシュは前方に持っていこう

回り込みフォアハンド

軸足を引きながら / テイクバック / 軸を作ったまま

❶ ❷ ❸

強い後衛になるためのベースとなるショット

　試合中に定位置で打てることなどありません。なぜなら相手は攻撃力に劣るバックハンド側を狙って打ってくるからです。そのときに必要になるのがフォアハンド側に回り込むテクニックです。うまく回り込むことができれば、引っ張りだけでなく、流しのコースも生まれるので、より戦術的な戦い方ができます。うまい後衛は100％うまく回り込むテクニックを持っています。ここではその基本を学んでいきましょう。

POINT❶
肩を入れる

フォアに回り込む第一段階で大切なのは肩を入れながらボールの方向に動き始めること。正面向きのままではうまく回り込めないので注意

バック側のボールをフォアに回り込んで打つストローク

レベルスイングで　ヒット　一気に振り切る

❹　❺　❻

POINT❷
軸足を作る

次に大切なのはボールと身体の距離感を計りながら軸足を作ること。早いタイミングで回り込んで軸足を作ることができればショットが安定する

POINT❸
一歩目の引き足は大きく

素早く回り込むためのポイントは一歩目のクロスステップを大きく取ること。その後、微調整しながら自分の前に打球スペースを確保するのが理想的なフットワークだ

この一歩目を大きく　ここにスペースを作ることが理想

引っ張り

①体勢を低くしたまま ②テイクバック ③重心移動して

軸を作って自然な回転運動で打つ

　正クロス側から打つときも、逆クロス側から打つときも、つねに打球方向は2方向あります。そこで必要になるのが「引っ張り」と「流し」のコースの打ち分けです。身体の使い方からして簡単なのは引っ張るストロークです。クロスに打つ引っ張りは、身体の回転をそのままスイングに使うことができます。気をつけなければいけないのは、引っ張りすぎてサイドアウトすること。適切に引っ張ることができる正確な打点を身につけましょう。

POINT①
同じフォームで構える

正クロス側から打つときも逆クロス側から打つときも、フォームで引っ張りと流しを見破られないように、軸足に重心を置く構えを作ることが大切だ

クロスに引っ張って打つストローク

インパクト / 身体を回しながら / フィニッシュ

❹　❺　❻

POINT❷
身体の回転で打つ
身体が回転する方向にボールを打つ引っ張りは流しよりも簡単なテクニックと言える

POINT❸
打点は前めに
引っ張るときの打点は前めに置く。遅れてしまうとコースが甘くなるし、前すぎるとサイドアウトが出てしまうので、適切な打点を探すことが重要になる

前めの打点

流し

体勢を低くしたまま

肩を入れてテイクバック

身体の開きに気をつけながら

❶　❷　❸

身体の回転を抑えてボールを引きつけて打つ

　引っ張りとは逆に、正クロス側からきたボールをストレートに、逆クロス側からきたボールを逆クロスに打つテクニックが「流し」です。流す場合は、身体の回転をそのままスイングに使うことはできません。身体の開きを抑えながら、打点を遅らせて打つテクニックが必要なので、引っ張りよりもデリケートなショットです。どんなボールでもうまく流して打てる人はかなりの強豪と言えます。

POINT❶
ボールを引きつけて打つ

正クロス側から打つときも逆クロス側から打つときもポイントとなるのは、ボールを引きつけて打つこと。打点が前になると、コースが甘くなるので注意しよう

逆クロス（ストレート）に流して打つストローク

インパクト　身体の回転を抑えたまま　フィニッシュ

❹　❺　❻

POINT❷
身体の回転を抑えて打つ
身体の回転に任せて打つとうまくコントロールできないので、打球方向に肩を残すようにするのがポイントだ

POINT❸
打点を遅らせる
流すときの打点は引っ張るときよりも後ろめ。遅れすぎてしまうとボールが外に逃げてサイドアウトが出てしまうので要注意

引きつけた打点

カットサーブのリターン

滑ってくるボールに / 足を合わせて / 低く構えてテイクバック

❶ ❷ ❸

膝を曲げた低重心の構えでサーブの変化を予測する

　ボールの弾みが少ないカットサービスのリターンには、ドライブで返すショットと、スライスで返すショットの2種類がありますが、ここでは一般的なドライブで返球するパターンのポイントを紹介しましょう。大切なポイントは、サービスのバウンド後の変化（右利きのサーブなら左に弾む）を予測しながら早く打球ポジションに入ることです。低い打点で打つので、膝を曲げて重心を低くすることもポイントです。強く打つことより、正確に返すことを第一に、コンパクトなスイングを心掛けましょう。

POINT❶
どんなサーブか予測する

相手がカットサーブできた場合は、相手の打ち方を見ながらネットを越えるタイミングで「バウンド後にどんな変化をするのか？」を低い体勢のまま見極める

カットサーブをミスせずに返球するリターン

❹ ボールを見ながら　❺ インパクト　❻ トップスピンを意識したフィニッシュ

POINT❷
ラケットを低く用意する

上の連続写真のように弾むサーブだと問題ないが、カットサーブの使い手だとボールの弾みはわずか。そのボールの下にラケットを入れるためには低いポジションにラケットを準備することが大切。また、グリップを短く握ってコンパクトなスイングに変更するのも対応策の一つだ

低く / 短く

NG
大きなテイクバックは×

低く滑るサーブに対して、棒立ちのまま大きく構えるのは最悪

バックハンドの基本とポイント

　バックハンドはラケットを持っている手の反対側にきたボールを打つショットです。フォアハンドほど力強くラケットを振れないし、打点にも融通が効かないので、慣れないうちは難しく感じますが、フォームが安定すれば、自由さがない分、逆に安定したボールが打てるというメリットがあります。

　バックハンドでポイントとなるのは、ボールと身体の距離感の取り方や、下半身の使い方、回転運動を使ったスイング、といったものです。具体的に、何に気をつければいいのか、各ショット別に連続写真を見ながら学んでいきましょう。

POINT

肩越しにボールを見るテイクバック

バックハンドは、身体の「捻り」＆「戻し」を使って打つショット。十分に身体を捻るためには、肩越しにボールを見るようにテイクバックするのがポイントだ

ボールの高低に対応する
バックハンドの3ショット

アンダーストローク
膝の高さあたりで打つショット。ドライブがかけやすく安定したボールを打ちやすい

サイドストローク
腰から胸の高さで打つショット。軸を作った回転スイングで打つとアンダーストロークよりも速くて強いボールが打てる

トップストローク
肩よりも高い打点から打ち込むショット。バックハンドで肩よりも高いボールを打つのは大変だが、身につければウィニングショットとして使える

サイドストローク

回転運動を伴った
レベルスイングでボールを捉える

　バックハンドのサイドストロークで理想とするのは、ドライブ過多にならないフラット系のボールです。そのためにはできるだけ水平にラケットを振り抜く必要があります。ポイントとなるのは、しっかりと肩を入れてテイクバックし、回転運動を使ったフォームで打つこと。肩を支点にしたワンピースのスイングでラケットを振る意識が重要です。大切なのは手打ちにならないこと。腰を切るようなイメージを持つとスイングスピードが速くなります。

POINT❶
ワンピースのスイング

肩・腕とラケットを一体化させてスイングするのがバックハンドのポイント。鋭く振るためにはしっかりと肩を入れたテイクバックが必要不可欠

腰の高さで打つベーシックストローク

④ インパクト
⑤ 振り切りながら
⑥ フィニッシュを高い位置に

POINT❷
腰を切るスイング

回転運動で打つときに、先導させた腰の動きを止めてから腕（ラケット）を振ると、ヘッドがピュッと回る鋭いスイングになる

止める

NG
手打ちは×

腰の動きを先導させずに腕だけを振ると鋭いスイングにはならない

サイドストローク

踏み込み足より前でヒット

バックハンドはフォアハンドのように腕で操作しやすいショットではありません。ラケットを鋭く振るためには身体全体を使う必要があります。

私が注意している大きなポイントは、テイクバックでしっかりと腰・肩を入れることです。こうすることで上半身の捻りを使うことができます。また下半身では重心移動を使うことが大事なので、軸足を作ったら前足を大きく踏み込むことも大切です。肩が前にあるバックハンドの打点は、踏み込んだ足の膝よりも前が基本です。ボールを捉えたら最後までしっかり振り切りましょう。

POINT①
大きく踏み込む

後ろから前へのスイングアークを大きくするためには後ろ足から前足への重心移動が欠かせない。余裕があればできるだけ大きく踏み込もう！

腰の高さで打つベーシックストローク

インパクト

ボールを追うようなスイングから

高い位置に振り切る

❹　　❺　　❻

大きく踏み込む

POINT❷
打点を前に取る

肩を支点にスイングするバックハンドでは、支点となる肩よりも前に打点を置くのが基本。最高の打点はかなり前にあることを頭に入れておこう

打点はここ

アンダーストローク

振り子型の下から上のスイングでしっかり回転をかける

　バックハンドのアンダーストロークは、どちらかというと守備的なストロークです。最大の目的は相手前衛の攻撃をかわすこと。正確に相手の後衛に通すボールを打つことが大切です。ポイントは、素早くボールの後ろに入り、もっとも打ちやすい膝の高さでボールを捉えることです。また、ボールを持ち上げて打ちたい、ドライブをかけたショットなので、後ろ足から前足への重心移動をしっかりと使って打つことも大切です。

POINT❶
かかとから踏み込む

後ろ足から前足に重心移動するときにポイントとなるのが踏み込み足。写真のようにかかとから踏み込むと重心を移動しやすい

膝の高さでドライブをかけて打つストローク

膝の高さで / テイクバック / 体勢を低くして

❸ ❷ ❶

かかとから

POINT❷
高い位置にフィニッシュ

フォローでは右腕と左腕が一直線になるように肘を伸ばし、高い位置にフィニッシュを持ってくる

トップストローク

① ボールの高さに合わせて
② 高い位置にテイクバック
③ ボールの後ろにラケット面を準備して

高い打点でボールを叩く難易度が高いショット

　腕を上げたまま高い位置でバックハンドの素振りをしてみてください。鋭くスイングをするのが大変なことがわかるはずです。素振りでも大変なスイングで実際にボールを打つわけですから、バックハンドのトップストロークは難易度としては最高レベル。だからこそ逆に身につければ最高の武器となります。成功させるポイントは、回転運動を使った水平スイングにすること。そのためには「軸」をしっかりと作ることが重要です。

POINT ①

フォロースルーまでの軌道上にインパクトを設定

ボールの高さにラケットをセットしたら身体の回転運動を使って一気に振り抜く。そのスイングの軌道上にインパクトポイントがあるというイメージを持とう

この軌道上でインパクト

肩より高い打点で打つ攻撃型ストローク

インパクト
レベルスイングで
一気に振り抜く

NG
ラケットヘッドを落とすのは×
振り出しでラケットヘッドが落ちてしまうと順回転がかかって球威が落ちるので要注意

POINT❷
フラットの面で捉える
トップストロークやサイドストロークはフラット系のボールを打つのが理想。インパクトのときは写真のように腕を突き出した形でフラットの面でボールを捉えるようにしよう

ロビング

フィニッシュ / 上に持ち上げるスイングで / ラケットをセットして

下から上のスイングでボールをベースラインまで運ぶ

　フォアハンドでも言ったように、守りのロビングで第一に考えるべきは「時間を稼ぐ」ボールを打つことです。軌道が高いボールをベースライン深くに落とすことができれば、最低限イーブン状態に戻すことができるし、場合によっては形勢逆転のきっかけを掴むこともできます。正確に深いロビングを上げるポイントは、同じフォームで、同じ打点でボールを打つことです。スイングは下から上が基本。面の上にボールを乗せて運ぶようなイメージで打ちましょう。

POINT❶
面にボールを乗せるイメージ

正確な高さ、距離を出すためには、面にボールを乗せて、運ぶようなイメージのスイングを心掛けよう

乗せるイメージ

体勢や陣形を立て直す守りのロブ

ボールの軌道上に

ボールの後ろに身体を運んでテイクバック

足で合わせて

❸ ❷ ❶

POINT❷
膝の曲げ伸ばしでスイングする

ロビング上げるときのスイングは下から上が基本。膝の曲げ伸ばしを使ってスイングすれば安定した軌道のボールになる

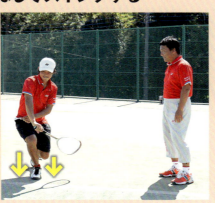

NG
手打ちは×

下半身を使わないと手打ちになってしまう。手打ちはスイングの強弱が出やすいので安定したロビングにならない

ロビング

高さを出すスイングを大切に

　バックハンドのロビングは「しのぎのショット」としてとても重要です。攻めのロブもありますが、バックハンドの場合は、まずは絶対に前衛に捕まらない守りのロブを考えましょう。

　ロブを上げるときのポイントは、後ろ足にしっかり体重をためて、ボールの軌道上にラケットを用意することです。あとはそこからボールを持ち上げる感じで一気にスイング。守りのロブのときは回転よりも高さを出すイメージを持ちましょう。同じ打点で打つシュートは、水平スイングのイメージでしたが、ロビングの場合は、下から上のスイングイメージを持つことが大切です。

POINT ①
落ちてくるボールの軌道に面をセット

ロビングを上げるときに大切なのはテイクバックのラケット位置。バウンドして落ちてくるボールの軌道に合わせてラケットを準備するのが基本

絶対に失敗しないバックハンドロブ

- ボールの下にラケットを入れて
- 下から上のスイングで
- ボールを持ち上げる

POINT ❷

下から上のスイング

ロビングは下から上のスイングが基本。振り上げる角度やフォローの大きさで攻めのロブと守りのロブを打ち分けられるようになるのが理想だ！

カット

フィニッシュの位置はここ / インパクト / 打ち下ろすイメージで

❻ ❺ ❹

意外に簡単なバックハンドスライス

　スライスで打つとボールの弾みは小さくなります。また距離のコントロール（長短）を容易に出すことができるのもスライスのメリットです。ダブル後衛の相手やシングルスのときに、このメリットを生かさない手はありません。特にバックハンドのスライスは、一度コツを覚えてしまえば一生ものの武器となります。最大のポイントはテイクバックでイースタングリップに握り変えること。このグリップに慣れてしまえば意外に簡単にマスターできるのが、バックハンドのスライスです。スイングのポイントは連続写真を参考に学んでいきましょう。

POINT❶
テイクバックでグリップチェンジ

バックハンドのスライスを打ちやすいのはイースタングリップ。テイクバックしたときに握り変えることが必須

この形から　この形にチェンジ

攻めにも守りにも流用できる使い勝手がいいショット

このテイクバックのポジションから

かかとから踏み込む

軸足を作って

❸ ❷ ❶

POINT ❷
上向きの面のまま押し出すイメージ

大切なのはインパクトの面の形を崩さないこと。上向きの面を押し出す大きさで距離をコントロールしよう

NG
切り落とすイメージは×

ボールをカットする意識が強いとラケット面を下に抜いてしまうが、これは意図的にドロップショットを打つときのテクニック。球足の長いボールを打つときにはこうならないように

引っ張り

ボールの後ろに軸足を置きながら

肩を入れてテイクバック

膝前の打点でヒット

身体の回転を使って引っ張る

バックハンドの引っ張りをもっとも使うのは、逆クロス側から対角線方向に打つ場面です。ここに角度のあるボールを打てれば相手の前衛も簡単にポーチに出ることはできません。その意味でも引っ張りは武器にしたいところです。フォアハンドと同様に、引っ張りは、自然な身体の回転をそのままスイングに使えます。大切なのはボールに体重を乗せること。下半身主導のフォームを意識しましょう。

POINT❶
打点を前に取る

クロスに打つときの打点は腕を突き出すくらい前。踏み込んだ右膝よりも前でボールをヒットするようにしよう

バックハンドでクロスに引っ張って打つショット

自然に身体を回しながら

フォロースルー

フィニッシュで後ろ足はここに来る

④ ⑤ ⑥

POINT❷
身体の近いところにラケットを準備

身体の回転を使って打つ引っ張りの場合、テイクバックで身体の近くにラケットを引いて構えるのが基本

近いところ

POINT❸
前足に重心を乗せてからスイング

引っ張るときのスイングは下半身主導。前足に重心を移動した後、遅れて腕を振るのが正しいイメージ

足が先　腕が後

NG
後ろ足荷重は×

後ろ足荷重ではクロスへは引っ張れない

流し

- ボールの後ろに軸足を持っていくように
- 肩を入れてテイクバック
- ボールを引きつけて

❶ ❷ ❸

身体の回転を止めて流す

　バックハンドで主に流すのは逆クロス側からストレートに打つ場面です。このショットがあれば前衛のポーチを足止めすることができます。ただし、流し打ちでボールを正確にストレートに打つのは簡単ではありません。ストロークの中でバックハンドの流しは難易度が高いコースと言えます。成功させるポイントは、クローズドスタンスで踏み込んで、身体を開かずに打つことです。身体が開くとボールが内側に入りやすく、前衛のチャンスボールになってしまうので注意しましょう。

POINT❶
クローズドスタンスで踏み込む

流しは重心の移動で打つショット。肩を入れたクローズドスタンスで、かかとから踏み込むのがポイント

かかとから

バックハンドでストレートに流して打つショット

インパクト / 身体の開きを抑えながら / フィニッシュ
④ ⑤ ⑥

NG オープンスタンスは×
オープンスタンスではうまく流せない

POINT❷ 身体の開きを抑えて打つ

身体が回ってしまうとボールが内側に入りやすく（クロス方向へ飛ぶ）なるので、流す（ストレートに打つ）ときはこのように、極力、身体の開きを抑えて打つのがポイントとなる

壁を作る

第3章
ボレー編

ここからはボレー技術の紹介とテクニックをマスターするためのポイントを、連続写真を使って紹介していきます。ダブルスでポイントを獲得するのは前衛の大切な役目。また攻撃的になってきたダブルスでは後衛もボレーを疎かにすることはできません。お手本となる連続写真を参考にボレーのテクニック向上を目指しましょう。

ボレーの基本とポイント

　ポイントを奪うパターンは大きく分けると2通りです。ひとつは「相手のいない場所に打つボール」。そしてもうひとつは「相手が取れないボールを打つ」です。その意味で言うと、ネット際でノーバウンドのボールを打つボレーは得点を稼ぎやすいショットです。
　チャンスボールがくれば、前に落とすことができるし、相手前衛を狙って決めることもできます。ただし、必ずチャンスボールがくるわけではないし、相手から近い距離でボールを受けることになるので、正確な判断力と素早い対応力を必要とされます。ここでは、さまざまなボレーテクニックを連続写真とポイント写真を使ってマスターしていくことにしましょう。
　相手のボールがフワフワと浮いてきたときは、しっかりスイングしないと強いボールは打てません。逆に、相手のボールにスピードがあるときに、大きくスイングしてしまうとミスヒットが出てしまいます。また、ネット前のポジションでボールを落とすときは、スイングの必要はないし、ネットから離れた場所から後衛に返したいときは、スイングしないとボールは飛んでくれません。このように同じボレーでも、「振るボレー」と「振らないボレー」の両テクニックが必要です。その上、実戦で最大の得点パターンとなるのは、相手のストロークをカットして決める「動きながらのボレー」です。どんなボールや状況にも対応できるボレー力を身につけていきましょう。

ラケットを振るボレーと振らないボレー

振るボレー

相手のボールにスピードがないときは、ラケット面で当てるだけのボレーでは威力が出ない。ボールを自分の間合いまで引きつけて強く叩くイメージでボレーしよう

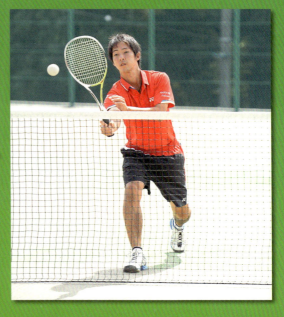

振らないボレー

相手のボールにスピードがあるときは、スイングする時間的な余裕はないし、無理に振ろうとすると振り遅れのミスが出てしまう。ラケット面をしっかり作って相手ボールのスピードを利用するボレーをしよう

基本のフォアボレー

① 身体の前にラケットをセット
② 右足を踏み込みながら
③ 小さなテイクバックから

肘を伸ばしたままラケット面を残す

定位置で自分にまっすぐ向かってくるボールを肩から頭くらいの高さで返す「正面ボレー」は、ボレーの基本とも言えるものです。スピードのあるボールを打ち返すケースも多いので、ボールの勢いに負けずにしっかりと面を作って返球しましょう。正面ボレーといっても、顔の前で打ち返すのでなく、利き腕の肩のライン上で肘を伸ばしながらヒットするのがポイント。こうするとラケットをスムーズに押し出すことができます。

POINT ①
このラインでヒットする

ボールをヒットするのは右肩のライン上が基本。そのラインにしっかりと足を踏み込むことも忘れないように

定位置のままフォアハンドで打つ基本ボレー

立てた面でインパクト

顔を残したまま

ラケット面を上にあげるイメージでフィニッシュ

POINT❷
正しく構えよう

構えるときは、左手でグリップを持って、胸の前にラケット面を用意するのが基本形

NG
高くても低くてもダメ

高く構えるのはNG。またネットより低い位置にラケットがあるのもNG。こうしたクセがあるとスピードボールに対応できないので要注意

ランニングボレー

打ったボールから目を離さずにフィニッシュ

インパクト

ボールとの距離を調整しながら

❻　❺　❹

下半身を使ってタイミングを合わせる

　相手の後衛は前衛に取られないようにボールを打ってくるのが普通です。前衛がそのボールを取るには横に動きながらのボレーが必要不可欠です。典型的な攻撃が「ポーチ」。ランニングしながら相手のシュートボールをカットするテクニックです。成功させる最大のポイントは、相手の打球コースを先読みした動き出しです。一歩目を早く、正確に踏み出すことでポーチの成功率は高まります。ランニングボレーで鍵となるのは下半身の動き。フォアのボレーでは一歩目の軸足（右足）を意識しましょう。

POINT ❶
小さなテイクバックでフラット面を用意

ポーチは振らないボレーが基本なのでテイクバックは極力小さくするのがポイント。顔より前でラケットをセットしよう

フォアハンドで横に動きながら打つボレー

面を作りながら右足に重心を移動して

左足に重心を移動

重心を乗せた右足から

❸ ❷ ❶

POINT❷

軸足でボールとの距離を調整する

遠いボールに出るときは軸足を大きく踏み込むのがポイント。写真のようにセンターラインを越して踏み込めば左コートの半分までラケットが届く

ランニングボレー

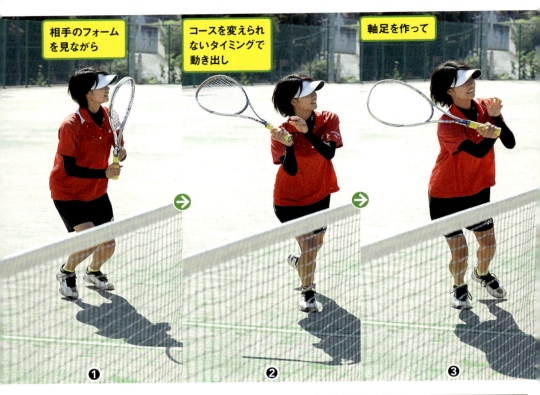

① 相手のフォームを見ながら
② コースを変えられないタイミングで動き出し
③ 軸足を作って

軸足を作って強く蹴り出す

　ランニングボレーに出てポーチを成功させるために大切なのは「間合い」です。相手に自分の動きを察知されると逆に打たれてしまうので、ギリギリの間合いで出るタイミングが重要です。ポーチに出るときは「ボールまで何歩で！」と考える必要はありません。それよりも、しっかり軸足に重心を乗せて、強く踏み出すことを考えてください。タメがあればボールに届くはずです。また、写真では大きめの引きになっていますが、テイクバックの大きさは相手のボールスピードによって変るのが普通です。

POINT ①
間合いを計る

どうくる？

相手のフォームや目線などでコースを予測。すぐに飛び出すのではなく、相手がコースを変えられないギリギリのタイミングを見計らって静かに動き出す

女子選手のフォアハンド ランニングボレー

④ ボールのコースに左足を踏み出して
⑤ ネットの近くでインパクト
⑥ 面を残したままフォロースルー

POINT❷
軸足にパワーをためて強く蹴り出す

ボールのコースに軸足を踏み込んでラケットセット。ヒザを柔らかく使いながら軸足に溜めたパワーで飛び出す。軸足を強く蹴ることができれば遠いボールにも届く

ここにパワーをためる

ハイボレー

大きく振っても
ミスが出ないように注意

　頭よりも高い打点で打つハイボレーは、ボレーの中でもっともスイングが大きいショットです。スピードがあるボールが打てるので、一本で得点になりやすいショットですが、大きくラケットを振るので、ミスが出やすいショットとも言えます。写真の高さのボールならラケットを横に振れるので、ストロークの延長線上のショットくらいのイメージで打つことができます。ポイントは、インパクト後も面を崩さずに前へ押し出すフォロースルーです。また、身体のバランスが崩れるとスイングまで乱れてしまうので、足先から頭まで一本の軸を作ることも大切です。

POINT
腕を伸ばしながら前に振る

強くボールを打ち出すためには推進力を生むスイングが不可欠。畳んだ肘を打球方向にまっすぐ伸ばすようなスイングにすることでボールにパワーが生まれる

高い打点でボールを叩くフォアハンドボレー

❸ 足先から頭まで一本の軸を作って

❷ 間合いを計りながら準備

❶ 相手の甘くなったボールに

NG
ラケットを大きく引かない

振り過ぎる　大き過ぎる

フワフワと浮いたハイボールがくるとついついスイングが大きくなってしまう。テイクバックでラケットを写真の位置まで引いてしまうと振り下ろすような大きなスイングになってミスが出てしまうので注意しよう！

ハイボレー

肩の位置にフォロースルーを取る

自分が打ちやすい打点でヒット

振り出す前の二度引きに注意

ボールのスピードに対応したテイクバックを考える

　ハイボレーになると、非力な女子選手や中学生は大きなテイクバックになってしまいがちです。連続写真だと4コマ目の部分がそれに相当します。理想は3コマ目のテイクバックから振り出すことですが、フワフワと浮いてくる甘いボールならば、多少引きが大きくなってもそれほど問題はありません。ただし、速めのハイボールを叩くときに大きなテイクバックだとミスが出やすいので注意しましょう。ポイントは、5〜6コマ目のように打った後まで面を残すことです。ボールを押し出すイメージで打つようにしましょう。

POINT
肩の高さにフィニッシュを取る

テイクバックが大きくなる傾向にある人は、フィニッシュの位置がどこにきているかチェックしよう。写真のように肩の位置にフィニッシュがきていればOKだが、振り下ろすスイングでヒザの位置にフィニッシュが来ているのはNGだ

女子選手のフォアハンド ハイボレー

ローボレー

ネット方向に
フォロースルー

ボールを押し上げる
ようなスイングで

ボールを良く見て
インパクト

ラケットをボールの後ろにセットしてコンパクトにスイング

　ネットから離れたポジションから、低い打点で打つのがローボレーです。腰よりも低い打点で打つローボレーは、ネットに詰めていく場面や、足元に打たれたボールをつなぐときに必要不可欠なテクニック。特にダブルフォワードの陣形ではなくてはならない技術と言えます。ポイントは、ボールの高さに合わせて、姿勢を低くしてラケットを準備し、下半身の動きを使いながら、コンパクトなスイングでボールを下から押し上げるようにすることです。

POINT
小さなテイクバックから前へスイング

正確につなぐためにはシンプルなスイングにすることが第一。コンパクトなテイクバックから足の踏み込みに同調させてネット方向に振り出そう

腰より低い打点でボールを打つフォアハンドボレー

- できるだけコンパクトなテイクバックから
- 低いボールに合わせてラケットを準備
- ネットから離れたポジション

③ ② ①

テイクバックはここで完了

NG1
大きなテイクバック

ローボレーのときに大きくラケットを引いてしまうと打点が定まらない。また、オーバスイングになってバックアウトが出てしまうので要注意

NG2
身体を開いたスイング

つなぎのローボレーで大切なのは方向性を出すこと。このように開いた打ち方になると身体が回ってクロス方向にしか打てないので要注意

ローボレー

❶ ネットから離れたポジションで
❷ ボールの高さに合わせてラケットを準備
❸ 打点を前めに置いてインパクト

シンプルなアクションで

　ストロークを得意としている女子選手は、ローボレーする機会が多くなく、低い打点で取るボレーを苦手にしている人が多いと思います。しかし、攻撃的なダブルスを目指すのならローボレーは避けて通れないテクニックです。基本は、できるだけシンプルなアクションにすることです。低い構え、小さなテイクバック、コンパクトなスイング。この３つが最低限頭に入れておいてほしいポイントです。連続写真だと３から５コマ目がそれにあたります。腰の高さのボールであればけっして難しいショットではありません。

POINT
面を残して送り出して打つイメージ

　ローボレーは基本的に下から上に打ち上げるショット。当然、スイングは下から上の動きになるが、それもボールの高さ次第。写真の高さのボールなら、フラットの面でボールをヒットしたら、その面を残したまま、ラケットを前方に送り出すようなイメージでスイングしよう！

女子選手のフォアハンド ローボレー

基本のバックボレー

軸足を決めて

肩を入れながら横向きの姿勢を作る

コンパクトなテイクバックを意識して

❶　❷　❸

身体を横向きにしてネットに近い場所でヒット

「正面ボレー」と言っても、フォアハンド側だけにボールがくるわけではありません。バックハンド側にきたときの対処法もしっかりマスターしましょう。バック側にきたときの最大のポイントは、軸足を一歩入れて、身体の横向きを作ることです。その構えから右足の踏み込みに合わせてボールをヒットします。バックハンドはフォアに比べて力が入りにくいので、当たりが弱くなりがちです。それを補うためには、右肩を入れて上体の捻る動作が必要です。また、バックボレーは肩を支点としたスイングになるので、フォアボレーよりも打点を前に取ることをつねに意識しましょう。

POINT❶
身体に近いときは縦面でヒットする

ボレーは縦面のほうが正確にボールを捉えることができる。身体から近い場所で打てるときは縦面を使うようにしよう。その場なら横面になるボレーも、足を一歩使えば縦面で処理できるはずだ。

定位置で打つストレート系のバックボレー

打点を前に取りながら / インパクト / フォロースルーで面を残す

④ ⑤ ⑥

縦面

POINT❷
軸足を作ってからネット方向に踏み込む

上の連続写真のように、横面でストレート系のショットをマスターするときに、実際にボールを打つと軸足を意識しないので、練習では写真のようにラケットを背中に持って、軸足を作り、右足をネット方向に踏み込む動作を身体に覚えさせよう

ランニングボレー

バック側にボールがきたら ❶
左足に重心を移して ❷
上体を捻りながらテイクバック ❸

上体を捻ったテイクバックから打点を前に取る

　逆クロスの展開や左ストレートの展開になったときに、前衛に必要なテクニックがバックハンドのランニングボレーです。ポーチに出るときの心得は、76〜79ページで紹介したフォアボレーと同じですが、バックで出る場合はテクニック的に少し注意が必要です。最大のポイントは、肩が前にあるバックボレーはフォアボレーほど「自由さ」がないという点です。手打ちでは良いボールは打てないので身体の捻りが必須です。また最高の打点も一点なので、かなり前めでボールをヒットする必要があります。

POINT ❶
打点が前になる

バックボレーでスイングの支点となるのは「右肩」。肩を支点に肘を伸ばしてインパクトするのが基本なので、打点は写真のようにかなり前になる

横に走りながら打つバックハンドボレー

ボールとの距離を調整しながら

肘を伸ばしてインパクト

打ったボールから目を離さずにフィニッシュ

④ ⑤ ⑥

POINT ②
軸足に体重を乗せて上体を捻る

遠いボールに飛び出すときは軸足にしっかり体重を乗せることが必要。軸足に乗ったタイミングで上体を捻ったテイクバックを作るのもポイント

NG
身体の軸が傾いている

軸足に乗れていないとまっすぐの軸を作れない。①の形になっていると②のような頭が下がった打ち方になるので注意しよう

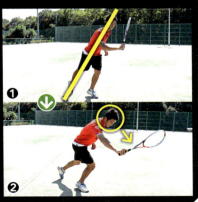

① ②

ランニングボレー

① 前衛のポジションでステップを踏んで
② 斜め前に軸足をセット
③ ボールの軌道にラケットをセット

軸足をネット方向に踏み込んでネットに近い場所で打つ

　ポーチに出たボールを簡単にフォローされてしまうと、逆に自陣が乱れているので逆襲されてしまいます。ランニングボレーに出たら「一本で決める」という気持が必要です。ポイントは、できるだけネットに近いポジションでボールをヒットすることです。近ければコースも取れるし、落とすこともできます。連続写真では1〜2コマ目でネットに詰めている点を参考にしてください。ただ横に動くのではなく、前に詰めて、さらに軸足（左足）を蹴って、斜め前に飛び出してボールをヒットするのが大切なポイントです。

POINT
斜め前に飛び出す

ランニングボレーと聞くと横に動いてボールを取るショットと思いがちだが、それでは一本で決められない。出るときは斜め前に飛び出して、できるだけネットに近い場所でボールをヒットするように！

女子選手のバックハンド ランニングボレー

ハイボレー

① バック側にボールがきたら
② 左足に重心を移して
③ 上体を捻りながらテイクバック

高い位置にテイクバックして肘を伸ばしながらヒット

　高い打点で叩くバックハンドのハイボレーは、すべてのボレーを含めて難易度が高いショットです。素振りしてもらうとわかると思いますが、バックの高い打点は力が入りにくい特徴があります。この難しいショットを成功させるポイントは、軸足の膝を曲げながら高い位置にラケットを準備することです。最初の段階は水平のスイングで高いボールを確実に返球するくらいの気持で十分。写真のようにジャンプしても振り切れるようになれば、プレイのエリアが広がって、より攻撃的なダブルスが戦えるようになります。

POINT❶
高い位置にラケットを用意する

ボールの高さに合わせてラケットを引くのはボレーの基本。高いボールのときは高い位置にラケットを準備しよう

高い打点で叩くバックハンドボレー

- ボールとの距離を調整しながら
- 肘を伸ばしながらインパクト
- 打ったボールから目を離さずにフィニッシュ

❹ ❺ ❻

NG
引きすぎは×

バックのハイボレーは力が入らないのでついついテイクバックが大きくなりがち。写真のように引き過ぎると煽ぐような打ち方になりがちなので注意しよう

POINT❷
打点を前に取る

高い打点で打つときもインパクト面は地面に対して垂直くらいが基本。前めの打点でヒットした後に肘を伸ばしていくように振り出そう！

ハイボレー

① ボールの軌道を見ながら身体を運ぶ
② 軸足を決めてテイクバック
③ ボールを引きつけながら

まず顔の高さで叩けるように

非力な女子選手や中学生だと、バックのハイボレーを苦手としている人が多いと思いますが、連続写真のように顔の高さまでボールを落とせば、それほど難しくはありません。ポイントは、バックハンドだと「打点が一つしかない」ところ。後ろすぎるとバックアウトが出てしまうし、前すぎるとネットしてしまうので、ボールを引きつけて、肩を支点としたもっとも力が入る打点でヒットすることです。顔の高さでミスなく打てるようになったら、練習で徐々に打てる打点を広げていって、最終的には頭よりも高い打点で打てるようにしていきましょう。

POINT
このライン上でヒット

バックのハイボレーは肘を伸ばしていちばん力が入る場所でボールを捉えるショット。力が入るのは、踏み込んだ足先とグリップエンドを結んだライン上。打球後も身体を開かずに横向きを残すと腕をネット方向に鋭く振ることができる

女子選手のバックハンド ハイボレー

ローボレー

バック側に低いボールがきたら

左足に重心を移して

上体を捻りながらテイクバック

❶ ❷ ❸

コンパクトな構えのまま
シンプルにボールを持ち上げる

　バックハンドでもローボレーの基本は 84 ～ 87 ページで紹介したフォアハンドと同じです。腰よりも低い場所のボールを打つわけですから、ボールの高さに合わせて姿勢を低くし、ボールの後ろにラケットをセットすることが大切です。バックハンドのテクニック的なポイントは、利き腕とは反対サイドで打つことになるので、とくに手打ちにならないように注意することです。フットワークを使いながら軸足をボールの近くに置くことが失敗を防ぐコツと言えます。また、手首の動きを固定して、打った面を崩さずにフォロースルーするのも大切なポイントです。

POINT❶
インパクトの面を崩さない

ボールをヒットした後も手首の形を維持したままフォローするのがポイント。手首の形が崩れなればインパクトの形を残したままスイングすることができる

腰より低いボールを打つバックハンドボレー

ボールとの距離を調整しながら

肘を伸ばしてインパクト

面を残したまま前に押し上げる

❹　❺　❻

POINT❷
手打ちにならない位置に軸足を置く

バックボレーは打点が身体から遠くなると手打ちになってしまうので、フットワークを使って軸足をボール近くに置くことが大切だ

左足（軸足）をボールの近くに

NG　軸足が遠いと手打ちになる

第4章
スマッシュ編

ここからはスマッシュをマスターするためのポイントやコツを連続写真を使って紹介していきます。スマッシュはすべてのショットの中でいちばん攻撃力が高いショットです。スマッシュがうまくなれば、簡単にロビングを上げられないので、相手にプレッシャーを与えることができます。しっかり練習して「上」に強いプレイヤーになりましょう。

スマッシュの基本とポイント

　ソフトテニスでは前衛の頭を越して打ってくる「攻めのロビング」、「守りのロビング」が試合を組み立てる上でとても大きな役割を果たします。ロビングをオーバーヘッドで叩き込むスマッシュは重要なテクニックです。ロビングが素通しだと試合には勝てません。
　前衛のスマッシュが強ければ、相手の後衛は簡単にロビングを上げられないので大きなストレスになります。また、スマッシュに自信があればネットに近いポジションで構えられるのでボレーの決定力も上がります。スマッシュはダブルスの戦術を組み立てる上でとても大切なショットです。相手から「上が強い！」と思われるようなスマッシュのテクニックを身につけていきましょう。

上に強いと思われるスマッシュをマスターしよう!

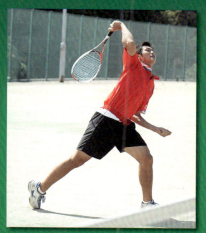

定位置&前に踏み込んで打つスマッシュ

最初はここから。甘くなったロブをしっかりと決められるように

軸足踏み切りのスマッシュ

深いロブに対し軸足踏み切りで対応するスマッシュ

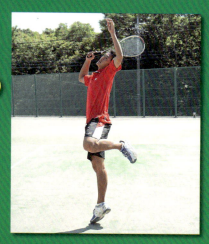

両足踏み切りのスマッシュ

弾道が低い攻めのロブに対し両足でその場ジャンプ。瞬時に切り返すスマッシュ

スタンダードスマッシュ

① 浅いロブが上がったら
② 右足を引いて横向きの体勢を作る
③ 後ろ足に重心を置いて

定位置で打つスマッシュは難しくない

　手投げのボールを打つのと同様（156ページ）に、前衛の定位置にフワフワと浮いてきたボールを打つスマッシュはけっして難しくありません。ポイントを抑えれば誰でも打てるショットです。ポイントとなるのは、ボールの落下点に入ること。横向きの姿勢を作ること。後ろ足から前足に重心を移動して打つことです。その他にも、グリップやラケットの引き方、インパクトポイントの取り方などの注意点があります。しっかりマスターしていきましょう。

POINT ①
ボールの落下点に入る

スマッシュは自分がいちばん打ちやすい場所に身体を運ぶことが最大のポイント。ボールキャッチの練習でそれをマスターしよう。大切なのは、左足を踏み込んで、頭より前の高い場所でボールをキャッチすることだ

キャッチするのは頭より高いところ
踏み込んだ左足に前

定位置でチャンスボールを叩く基本のスマッシュ

左足に移しながらの振り出し

頭より前の打点でインパクト

身体の左側にラケットを振り切る

❹ ❺ ❻

POINT ❷
横向きの体勢を作る

スマッシュは正面を向いたまま打ってはいけないショット。ボールが上がったら、すぐに右足（軸足）を引いて横向きの体勢を作るようにしよう

POINT ❸
後ろ足から前足に体重を移す

定位置で打つスマッシュの打点は頭よりも前。軸足に乗せた体重を前足に移動して前めの打点でボールを叩くように

後ろから前へ動いて打つスマッシュ

❶ 構えたポジションより浅いロブが上がったら
❷ サイドステップを使って
❸ 横向きの体勢のまま準備

サイドステップを使って身体を前に運ぶ

　定位置で打つスマッシュとともに、絶対決めたいのが、後ろから前にポジションを上げて打つスマッシュです。気をつけたいのは、打点が前になり過ぎて出るネットミス。これを防ぐには、サイドステップを使ってボールの落下点に入るフットワークが大切です。スマッシュは「頭の上」で打つショットと思っている人がいますが、実際にいちばんラケットを振りやすいのは「右肩の上」。とくにネットから近い場所で打つときは、この打点を意識して思い切ってスイングしましょう。

POINT❶

グリップ

スマッシュのグリップはイースタンが基本（次ページ参照）だが、打点を前に取れるときはセミイースタンでもOK

セミイースタン

ネットに詰めて打つ失敗しないスマッシュ

左足を大きく踏み込んで

前めの打点でインパクト

身体の左側にフィニッシュ

❹ ❺ ❻

POINT ❷
打点は右肩の上

ネットから近い場所で打つスマッシュは無理に高い打点で打たなくてもOK。いちばん腕（ラケット）を振りやすい右肩のライン上に打点を置くのが失敗しないコツだ

NG
打った後に頭を下げない

×頭が下がっている
×ラケットが地面に

スマッシュでネットミスが出る傾向にある人は、打った後に頭が下がったフィニッシュ形になっていないかチェックしよう。上の❻のように上体がまっすぐのまま、左脇にラケットが収まるのが正しいフィニッシュ形だ

ネット前から下がって打つスマッシュ

① フットワークで追いつかないロブが上がったら
② 軸足（右足）一本で
③ ジャンプして

軸足で踏み切って空中で足を入れ替える

　深いロビングのときに、後ろへ下がるフットワークではボールの落下点まで到達できないときがあります。そのときに使うのがジャンピングスマッシュです。軸足で踏み切るジャンピングスマッシュのポイントは、パワーを溜めた軸足で高く飛び上がり、空中で右肩と左肩の入れ替えを行いながらボールをヒットすることです。このときバランスを取るのが足の使い方。右足でジャンプした後は、左足をネット方向に振り出すようにして足を入れ替えることが大切です。

POINT❶

グリップ

頭より後方のボールが上がったときは手首を使いやすいイースタングリップで打つのが基本

イースタン

軸足踏み切りのジャンピングスマッシュ

足を入れ替えながらスイング

高い打点でインパクト

左足で着地する

❹ ❺ ❻

POINT❷
肘を高いポジションに

オーバーヘッド系のショットでボールを打つときの支点となるのは「肘」。とくに高い打点で打ちたいジャンピングスマッシュでは、肘を高い位置にキープしてテイクバックすることが重要だ

POINT❸
ヘディングでボールを飛ばす

重心移動を使えないジャンピングスマッシュは、腹筋、背筋も含めた体幹がしっかりしていないと力強いスイングができない。写真のように後方に上げてもらったボールをヘディングする練習を行うと、軸足のタメや体幹の大切さを実感できる

ヘディングでボールを遠くまで飛ばす

ネット前から下がって打つスマッシュ

速い攻撃的なロブがきたら / 両足にパワーを溜めて / その場ジャンプ

❶ ❷ ❸ ❹

両足で踏み切って空中で足を入れ替える

　単純に深いロビングのときは、軸足で踏み切るジャンピングスマッシュにできますが、速いロビングを打たれたときは、一歩下がる時間的余裕すらないので、両足で踏み切るジャンピングスマッシュでないと対応できません。とは言え、このスマッシュを打つためには強い筋力や優れたバランス感覚が必要です。中学～高校生だったら（軸足踏み切りの）ジャンピングスマッシュで打てないときは、後衛に任せて、しっかり次のポジションを取ることを考えましょう。

POINT
ジャンプしながらテイクバックする

時間的に余裕がない両足ジャンプのスマッシュのときは、ジャンプするのと同時にテイクバックしなければならない

両足踏み切りのジャンピングスマッシュ

- 左肩と右肩を入れ替えて
- 高い打点でインパクト
- 手首を使ってボールを押さえ込む

❺　　　　　　❻　　　　　　❼

第5章

サーブ編

ここからはサーブのテクニックをマスターするためのポイントを連続写真を使って紹介していきます。ゲームの1本目となるショットがサーブです。ゲームの主導権を握るためには、相手に簡単にレシーブさせない効果的なサーブを打つ必要があります。この章を参考に自分に合ったサーブを探していきましょう。

サーブの基本とポイント

　サーブが他のショットともっとも違うのは、相手のボールに合わせることなく、自分のリズムで打てるところです。また、1度（ファーストサーブ）失敗しても、もう一度（セカンドサーブ）打てるのもサーブの大きな特色です。
　良いサーブが入ればゲームの主導権を握ることができます。逆に言うと、サーブが悪ければ相手に主導権を握られてしまうということです。ここでは、攻撃的なファーストサーブと、相手に簡単に攻め込まれないセカンドサーブのテクニックやコツを学んでいきます。サーブは一人でも練習できるショットです。ポイントを抑えてゲームの主導権を握れるサーブを身につけていきましょう。

サーブが良ければゲームの主導権を握ることができる

オーバーハンドサーブ

上から打つオーバーハンドサーブをファーストで使えるようにしよう。フラット、スライス、リバースと球種の打ち分けはあるが、基本的なフォームは同じ。しっかりポイントを抑えてサーブで先手を取れるようになろう。

ショルダーカットサーブ

ストロークを打つ感覚に近く、安定して打てるのが方の高さで打つショルダーカットサーブ。ファーストが入らなかったときの保険として100%ミスしないショルダーカットサーブを身につけよう。

アンダーカットサーブ

膝あたりの低い位置からボールに強くバックスピンをかけて打つのがアンダーカットサーブ。バウンドしたボールが弾まないのが特徴で、ボールの切り方次第でバウンド後に大きく変化させることも可能。フォアハンドとバックハンドの2つの打ち方を基本から学んでいこう。

オーバーハンドサーブ

① イースタングリップ＋スクエアスタンスで
② 腕をまっすぐ伸ばしてトスアップ
③ 足から頭まで一直線の軸を作って

もっとも攻撃力が高いサーブ

　ラケット面をボールの後ろからまっすぐに当てて打つのがフラットサーブです。打ったボールはスピードが出て直線的に飛びます。もっとも攻撃力があるサーブなので、ファーストで使うのが一般的です。ポイントは、高い打点でボールをヒットすることですが、打点が少しでも狂うと、ネットにかかったり、フォールトが出てしまいます。いつも同じ打点でボールを捉えるフォーム作りが何より重要です。簡単なショットではありませんが、フォームがしっかりすれば、球数を打つことで確率は上がってきます。

オーバーハンドサーブの基本❶

ボールの持ち方

トスアップするときはボールをやさしく握る。握り締めるとトスが安定しないので注意

フラットサーブ

左脇にフォロースルー

高い位置で

ボールの真後ろを叩いてヒット

❹ ❺ ❻

オーバーハンドサーブの基本❷

トスアップ

腕をまっすぐに伸ばしボールを離すのは目の高さが基準。低いところで離したり、肘や手首を使って上げるとトスが安定しないので注意

オーバーハンドサーブの基本❸

グリップ

フラットサーブ、スライスサーブを打つときの基本グリップはイースタン

オーバーハンドサーブ

イースタングリップ＋スクエアスタンスで

腕をまっすぐ伸ばしてトスアップ

身体の開きを少し早めながら

❶ ❷ ❸

フォームはフラットと同じ

ボールを右から左に曲げて打つスライスサーブも、フォームはフラットサーブとまったく同じです。違いはインパクトでの面の入れ方。フラットサーブはボールを後ろから叩きますが、スライスサーブはボールの右斜め上にラケット面を入れて振り切ります。

フラットとスライスのインパクトイメージ

フラット
ボールの真後ろにラケット面を入れる

スライス
ボールの右側にラケット面を入れる

オーバーハンドサーブの基本❹

打点

フラットサーブ、スライスサーブの打点は頭よりも前。左足から一直線上に伸ばしたラインで高いところでボールを打つ

スライスサーブ

肘を高い位置にキープ

ボールの右斜め上をヒット

自然にフォロースルー

❹ ❺ ❻

オーバーハンドサーブの基本❺

フィニッシュ

打球後は相手と正対した向きで着地し、振り抜いたラケットは身体の左側に収まっているか確認する

オーバーハンドサーブの基本❻

ターゲット設定

上から打ち下ろすオーバーハンドサーブはボールが自然落下するショット。白帯のすぐ上を狙うとネットしがちなのでラケットフェース分くらい上を狙おう

ここを狙って打つ

あそこを狙って振り抜く

自分のサーブの弾道がわかっていればバックフェンスなどをターゲットに打つこともできる

オーバーハンドサーブ

相手のバック側を狙う左回転サーブ

オーバーハンドから打つサーブでは、ボールに意図的な左回転を与えるリバースサーブもあります。レシーバーが右利きの場合、相手のバック側を突くのが狙いです。スライスサーブが左に曲がるスライダーとすれば、リバースサーブは右に曲がるシュートといった感じです。ポイントは、イースタングリップからウエスタングリップに握り変えて、インパクト後に手の甲が内側を向くようなスイングにすることです。こうして打つと打ったボールには自然に左回転がかかります。ボールを正確にコントロールするのは難しいので、球数を多く打つことが必要です。

POINT❶
グリップはウエスタンに

ボールを右に曲げて打つリバースサーブはインパクトの面が自然に開くウエスタングリップを使って打つ

リバースサーブ

④ 右肩よりやや前の打点で

⑤ ボールの左にラケット面を入れてヒット

⑥ ラケット面が相手に向くようにフォロースルー

POINT ❷
インパクトのイメージは?

リバースサーブは身体を開き気味にして打つショット。インパクトでは、身体は左に、ラケット面は右になっているかチェック

POINT ❸
フィニッシュしたときのラケット面は?

正しいスイングができていれば、インパクト後は手の甲が内側を向くので、ラケット面が裏返った状態になる

ショルダーカットサーブ

オープンスタンスにしてセミイースタングリップで短めに握る

肩の高さでボールをリリース

高いトップの位置から

もっとも安定性が高いカットサーブ

　肩あたりの高さで、ボールの右下をカットしてアンダースピンをかけるのがショルダーカットサーブです。アンダーカットサーブ（次ページ参照）よりも打ったボールは直線的な軌道になりますが、フォアハンドのストロークと同じように身体を使えるので、技術的な違和感がなく、安定性の高いサーブが打てます。ファーストを失敗したら、セカンドをショルダーカットサーブにするプレイヤーが多いのは、ダブルフォールトが出にくいからです。セカンドで使うときは、ボールを「カット」するという意識より、「運ぶ」意識で打つのが失敗を減らすポイントです。

POINT❶
グリップ

カットサーブで使うのは短く握ったセミイースタングリップ。短く握ったほうがラケットの操作性が良くなる

短く握る

肩口で打ってアンダースピンをかけるサーブ

- 開いた面をボールの下に入れて
- アンダースピンをかけてスイングで
- しっかりフォロースルーを取る

POINT❷
オープンスタンス

カットサーブはボールの威力やスピードよりも回転を重視するショット。後ろ足から前足への重心移動はそれほど必要ないので、オープンスタンスで安定した構えを取る

オープンスタンス

POINT❸
テイクバックの高さ

カットサーブは基本的に上から下にスイングするショット。テイクバックしたときのラケット位置が高くなるほどバックスピンも強くかかるが、はじめは上の連続写真の❸くらいの高さでもOKだ！

アンダーカットサーブ

① オープンスタンスで短めに握る
② 姿勢を低くしてボールをリリース
③ 膝よりも低い打点で

逆回転の威力で
相手の攻撃を防ぐサーブ

　ラケットを短く握り、低い姿勢から、ボールの下を強く擦って打つのがアンダーカットサーブです。逆回転の量やラケットの抜き方によって、ボールはバウンド後に不規則な変化を見せるので、簡単にレシーブされません。雁行陣では、このサーブと前衛ポーチを組み合わせた作戦を立てることもできます。またアンダーカットで打ったボールのスピードは遅いので、サーバーがネットに出る時間も作ることができます。ダブルフォワードの陣形を組むペアではファーストで使うケースも多くなっています。

POINT ❶
グリップ

アンダーカットではショルダーカットサーブを打つときよりもさらに短くラケットを握る

フォアハンドのカットサーブ

面の上でボールを転がしながら

接触面が多くなるようにインパクト

しっかりラケットを振り切る

POINT ❷
面の上でボールを滑らせる

上向きの面のまま矢印の方向にボールを滑らせると打ったボールにはシュート回転がかかる。逆回転の強さやサイドスピンのかけ方でボールが不規則に変化するのがアンダーカットの特徴と言える

アンダーカットサーブ

右肩の方向にフォロースルー

面の上でボールを転がして

膝下まで一気に振り下ろしてインパクト

フォアのアンダーカットと逆軌道・逆回転のサーブ

　アンダーカットサーブはバックハンドでも使うことができます。フォアハンドで打ったときは、レシーバーが右利きのときは身体に近づくバウンドになりましたが、バックハンドで打つと逆に身体から逃げるバウンドになります。もちろん力強く、自然にラケットを振れるのはフォアハンドなので、バックハンドのカットサーブの回転が甘くなると、レシーバーのチャンスボールとなってしまいます。バックでもしっかりと回転を与えられる自信がないのなら使う意味はありません。

POINT❶
グリップ

バックハンドのアンダーカットサーブで使うグリップはイースタン。手首をコックしたまま短くラケットを握る

手首をコック

バックハンドのカットサーブ

- ③ 高い位置に置いたラケットを
- ② 肩を十分に入れたテイクバック
- ① バック側に構えてグリップの近くでボールをリリース

POINT ❷

面の上でボールを滑らせる

フォアのアンダーカットと同様にラケットフェースの根元から先に向かってボールを滑らせるイメージで打つ

打ち終わった後はラケット面がこの形になっているかチェック

前衛のサーブ

戦術的に使うアンダーカットサーブはアリですが、サーブで基本にしてほしいのは、上から打つサーブです。とくに中学生ならば、前衛も後衛もオーバーハンドから打つサーブをマスターしてほしいと思います。写真は「これでもOK」という前衛のサーブです。ボレーと同じ握りで打っているので、サーブからボレーに移行しやすいはずです。ゆっくりでも構わないので、ミドルにしっかりコントロールするサーブを打ちましょう。

右はミドルに打ってネットに出る前衛です。大切なポイントは、打ったボールを追うように出て、レシーブする後衛と正対するポジションに構えることです。サーブで角度をつけると、レシーバーの返球範囲が広くなるので、角度をつけさせないミドルへのサーブが基本コースとなります。

確実に入れるファーストサーブ

❸ ボールをヒット
❹ 自然に着地した右足を
❺ ネットに出る一歩目に使う

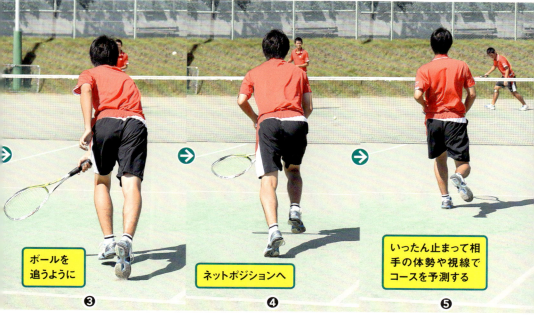

❸ ボールを追うように
❹ ネットポジションへ
❺ いったん止まって相手の体勢や視線でコースを予測する

前衛のサーブ

それほど厳しくないサーブを打ってネットに出たときに、相手が正しく対応すれば、最初のボレーがローボレーになるケースが考えられます。サーブからボレーにつなぐときのポイントとなるのが2コマ目のスプリットステップです。いったん止まって、相手の体勢や視線を見て、どこに打ってくるか判断する時間を作りましょう。ここで落ち着くことができれば、厳しいローボレーになっても対処できます。

右は上と同じ状況でもっと余裕があるケースです。3コマのスプリットステップから自分のタイミングでボレーに入ることができれば、軸足を作って、ネット方向に大きく踏み込み、ローボレーからでも攻撃することができます。

サーブからファーストボレーにつなぐ

第6章
後衛が左利きのときは?

次の章からは「練習法」や「戦術」に入りますが、その前に、後衛が「左利き」のケースの戦い方を紹介しておくことにします。パートナーの後衛が左利きのとき、または相手の後衛が左利きのときは、普段とは違った思考が必要です。ここで紹介する基本的な「左利き対策」だけはしっかりと頭に入れておきましょう。

引っ張りと流しのコースが逆になる

44～45ページでも挙げたように、打つコースとしてやさしいのは、身体の回転を使って打つ「引っ張り」です。身体の開きを抑えて打つ「流し」より、引っ張りを得意としている選手のほうが確実に多いと思います。

左利きの選手が後衛の場合、引っ張って打つコースと流して打つコースが、右利きの後衛と反対になるのが最大のポイント。例えば、正クロスでラリーしている場合、右利きの後衛なら引っ張って順クロス方向に打ちますが、左利きの後衛は流して逆クロスに打たなければいけません。また、逆クロスのラリーならばその逆になります。このことを頭に入れながらの戦い方が必要です。

カットしたボールのバウンドが逆になる

　右利きのアンダーカットサーブをリターンするときをイメージしてください。バウンドしたボールは身体のほうに切れながら近づいてきます。あなたはその変化を予測してポジションを取るはずです。

　しかし左利きのアンダーカットサーブは、バウンド後、身体から逃げる方向に切れていきます。右利きのサーブと同じような身体の捌きをしていたら満足なリターンは打てません。スライス系のボールが右利きの選手とは逆の性質を持っている、ということも頭に入れておく必要があります。

ストロークでカットしてきたときはどうする？

後衛が左利きのときは？

❶　❷　❸

前衛は後衛がバックになるコースに動かないように

　雁行陣の戦いで、パートナーの後衛が左利きのときは、正クロス展開の場合は、バック（味方）対フォア（相手）のラリーになりがちです。この場合の前衛は、ポーチを匂わせて、相手にコースを変えさせるようにするのが賢い選択です。逆に、逆クロス展開の場合は、フォア（味方）対バック（相手）のラリーに持ち込めます。左利きで引っ張りの攻めが得意な相手なら、安易にコースを変更しないようにしましょう。

POINT❶
正クロスでバックハンドになりやすい

雁行陣の場合、正クロスでラリーになると左利きのプレイヤーはバックハンドで打つケースが多くなる。バックが弱いパートナーだったら前衛は長いラリーにならないように、積極的にポーチを狙っていこう

パートナーが左利きのときの戦術

④ ⑤ ⑥

POINT❷

回り込んだら流して打ってくる

正クロスのラリーになると左利きの後衛はフォアに回り込むことを考える。回り込んだときのショットはクロスへの「流し」が基本。流しが得意でないパートナーなら前衛は積極的にポーチを狙っていこう

後衛が左利きのときは？

❶　❷　❸

左利きの後衛は
右利きとの戦いに慣れている

　雁行陣の戦いで、相手の後衛が左利きのときは、前ページとは逆で、味方のフォア対相手のバックの展開に持ち込むことが基本的な考え方です。また前衛は、相手がバックで打つタイミングで積極的に仕掛けていく気持を持ちましょう。ただし気をつけなければいけないのは、左利きの後衛は、右利きの選手との戦いに慣れているという点です。バックの引っ張りがやけにうまかったり、フォアの流しが抜群にうまかったりする選手の場合は、オーソドックスなセオリーが通用しない場合もあります。

POINT❶
変化をイメージする

上の連続写真のように、左利きの後衛がカットの構えに入ったらバウンド後ボールがどう切れるか……その判断が素早くできれば左利き対策ができている証拠

相手の後衛が左利きのときの戦術

POINT ❷

このボールは
どう変化する？

写真は左利きの後衛がバックハンドでボールを切って打ってきたところ。実戦ではめったにないショットだが、このボールがバウンド後にどういう変化をするか、それがすぐにわかれば左利き対策ができていると言える

第7章
ストローク練習法

ここからはテニス部で日常的に行っている練習法を紹介していきます。基本練習はどんなレベルのプレイヤーにも欠かすことができないものです。同じ練習でも、回数やボールを出すタイミングを変えることで、練習強度に変化をつけることができます。ここで紹介しているのはうまくなるために必須の練習法ばかり。まずはストローク編です。普段の練習に取り入れてください。

ストロークの練習法

ここで紹介しているのは球出しのボールを打つストローク練習です。球出しのボールを打つ練習は地味な印象がありますが、さまざまな設定で球出しをすることで、各種ストロークを打つときの基礎を学ぶことができ、また、苦手なストロークがあるときはその欠点修正にも役立ちます。普段の練習にぜひ取り入れてください。

練習法 写真の方向から球出し。片足立ちになってボールをヒット。回数や時間は練習生のレベルや人数によって調整する。ペア練習でも OK。

❶フォアハンド片足打ち（軸足立ち）

軸足一本でボールを飛ばそうとすると、肩を入れたテイクバックや上体の捻りが必要不可欠。また、身体の捻り戻しを使って打つことになるので、回転を使ったスイングを意識することができる。

❷フォアハンド片足打ち（前足立ち）

左足一本で立つと自然に前軸の打ち方になる。こうすることでトップ打ちなど攻撃的なストロークの練習になる。

一本足で打つ練習

❸バックハンド片足打ち

片足立ちの練習を行うことで「軸足を置く位置」の大切さを実感できる。特に「軸足をセット」するイメージがない練習生や「手打ち」になりがちな練習生にとってこの練習は有効な練習。またバックハンドで（軸足立ち）になると、重心移動を使うことができないので自然に回転運動で打つスイングが身につく。

POINT
軸足でしっかり立つ

片足打ちでも軸足でしっかりと立って、まっすぐな体幹を作れば自然な回転運動でボールをヒットすることができる

NG
軸がないと手打ちになる

まっすぐな体幹ができていないとこのような「手打ち」のショットになってしまう

ストロークの練習法

❹ノーバウンド打ち

ノーバンドのボールを打つことでインパクトの感覚を高めることができる。特にインパクトが薄くなりがちな人にはお勧めの練習法と言える。また、写真のように高い打点で打てばトップ打ちの練習に応用することもできる。バウンドするボールを打つときよりも素早い準備が必要になるので、軸足の設定やボールまでのフットワークが遅い練習生の矯正にも使える。

手投げのボールを

❶

ノーバウンドで

❷

強打する

❸

練習法

写真のように球出し。そのボールをノーバウンドでヒット。回数や時間は練習生のレベルや人数によって調整する。

、左右回り込み

❺左右回り込み

これはフォアハンドの基礎練習。左右に連続して球出しすることで練習生はフットワークを使いながら一連の動きでボールをヒットすることになる。出すタイミングをゆっくりにすればフットワークの基礎練習となり、タイミングを早くすれば素早いテイクバックも含めた強度が高い練習となる。ポイントは一球、一球、しっかりと軸足を設定すること。軸の回転を意識してボールをヒットすることが大切。インパクトの強さで打たない、打たせないための練習法とも言える。

練習法

写真の方向から球出し。左右に動いてボールをヒット。交互に出すタイミングや打つ回数は練習生のレベルや人数によって調整する。

❸
回り込んで打つ

❹

ストローク練習

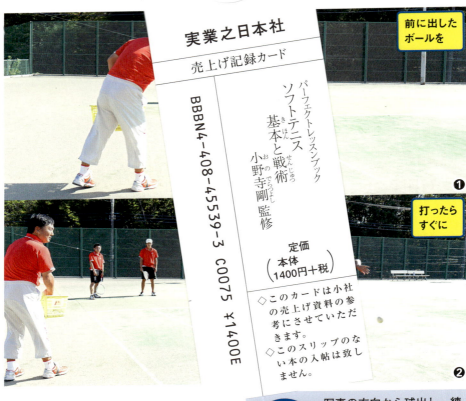

前に出したボールを ❶

打ったらすぐに ❷

❻前後2本打ち

上はフォアハンドで前後に動くときのフットワーク練習。実戦における短いボールと深いボールの対応力を鍛えるのが目的。大切なのは、前後に動いても軸足をしっかり作ること。また、もうひとつのポイントは、短いボールでも深いボールでも同じベースラインのターゲットを狙うこと。短いボールを打つときは「アウト」を、深いボールを打つときは「ネット」をケアしながら打とう！

練習法　写真の方向から球出し。練習生は前後に動いてボールをヒット。出すタイミングや走らせる距離、打つ回数は練習生のレベルや人数によって調整する。バックハンドでも前後に動いて打つ練習を行おう。

前後2本打ち

ベースラインに出して ❸

下がって打つ ❹

POINT

軸足を作る

前後に動いたときに大切なのは、軸足を作って、打つときには踏み込むスペースを作ること。軸足を作る余裕がないタイミングでボールを出すとバラバラの打ち方になって練習の効果がないので、出し手はそこを注意しよう

〈前に〉　　　　　　　　　　　　〈後ろに〉

この軸足を作って／左足を踏み込む

バックステップして／軸足を作る

ストロークの練習法

❼ フォアハンド連続回り込み

これは回り込んで打つフォアハンドの基礎練習。この練習を行うことで、回り込みのフットワークと身体の捌き方をマスターすることができる。レベルを上げるためには、打ち終わる前に次のボールを出すくらいのタイミングで、技術の習得を目指していこう。ここでも大切ポイントは軸足をしっかり作ること。理想は回り込んだときのセミオープンスタンスから引っ張りと流しの両コースを打ち分けられるようになることだ。

 練習法 コートの左端から球出し。練習生は球出しのボールに対し、回り込みのフットワークを使ってヒット。コート幅で3〜5球で行う。出すタイミングや打つ回数は練習生のレベルによって調整する。

ここから一球目をスタート

❶

打ったらすぐに

❷

連続回り込み

二球目を出して

❸

ヒット

❹

打ったらすぐに三球目を出す

❺

POINT❶

クロスステップ

横に移動するときは通常のサイドステップよりもこのクロスステップのほうが素早く動ける

このステップを使う

POINT❷

軸足を大きく引く

回り込んで打つときは身体の前に打球スペースを作ることが大切。スペースを作るには軸足を大きく引くのがポイントだ

この足を大きく引く

ストロークの練習法

　ここからは上げボールを使った基本練習を紹介します。普段の練習では前衛を置いていないことが多いと思いますが、大切なのはつねに実戦を想定して、頭を使いながら、コースを考えてボールを打つことです。

❽フォアハンドシュート3本打ち

　これはフォアでクロス→回り込み→トップ打ちというショットの組み合わせ。実戦で現れそうな状況をイメージした3本打ちのドリルだ。一球目をクロスに返した後は、二球目の回り込み、三球目のトップ打ちのコースは自由。仮想の相手前衛の動きをイメージしながら、球種やコースの打ち分けをするのがポイント。より実戦に近い形で行うのなら前衛を置いてもOK。3本打ったら次の選手と交代することで人数をこなせる練習になる。

フォアハンドシュート3本打ち

練習法 上げボールは一球目クロス、二球目ミドル、三球目クロスに出して、練習生は連続してフォアハンドで打つ。フォアの基本ショットの組み合わせ練習なのでやさしい球出しでOK。

球出しはこのポジションから

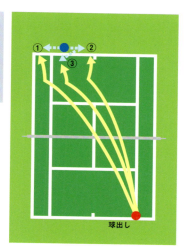

ミドルの二球目は

❷　❸

短くなった三球目を　　トップ打ちで叩き込む

❺　❻

ストロークの練習法

❾フォアハンドのコンビネーションドリル

これはサーブレシーブ（球出しはショートクロスのボール）してから、ミドル、クロス、ロブと続く4本の上げボールを連続して打つフォアハンドのコンビネーションドリル。1本目のショートクロスは前衛にアタックしてもOK。前衛を置きながら実戦を想定しているので打つコースに決まりはない。できるだけ前衛に取られないようにしよう。4本目のロブは必ずフォアに回り込むのが決まり事。左ページの写真は4本で終っているが、右ページのように、5本目、6本目を入れた6球連続パターンのアレンジもあり。

一球目はレシーブをイメージ ❶

二球目はミドルのボール ❷

三球目はクロスに動かされた状況 ❸

四球目のロブに追いついたら強打。遅れたらつなぎ ❹

フォアハンドのコンビネーション

練習法 上げボールは、一球目クロス、二球目ミドル、三球目クロス、四球目ストレートロブの順番。前衛を置いて実戦に近い形で行うフォアハンドのコンビネーションドリル。

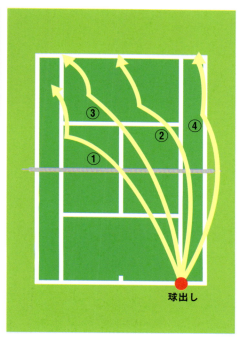

球出し

6球パターンの場合は

短くなった五球目をトップ打ち ❺

フォローされたボールをボレーで叩き込む ❻

ストロークの練習法

❿ロビング対トップ打ちドリル

これはベースラインから打ち合う基本練習。この練習のポイントは単純に打ち合うのではなく、攻守を切り替えながらラリーする点。一方がロビングを上げたらもう一方はトップ打ちで強打。トップ打ち側がロビングに切り替えてきたらロビング側はトップ打ちに変更という約束事で行う。写真では正クロスと左ストレートで行っているが、逆クロスのパターンも行うように。人数が多いときは図のように6人がコートに入ってローテーションしながら行う。

手前の選手はロビング ❶
奥の選手はトップ打ち ❷
奥の選手がロビングに切り替えたら ❸
手前の選手はトップ打ち ❹

フォアハンドで攻守を切り替え

練習法

コートに2人が入ってクロスで一方がロビング（守り）、もう一方がトップ打ち（攻め）でラリー。時間を決めて、次はストレートで同じように攻守を切り替えて打ち合う。図のように6人が入ってローテーションで行うのもOK。

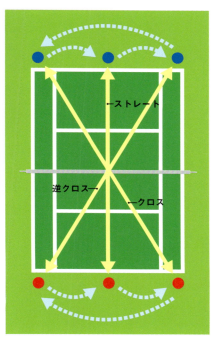

左ストレートのパターン

❶ 手前がトップ打ちで奥がロビング

❷ 手前がロビングで奥がトップ打ち

第8章
ボレー練習法

ここからはボレー、スマッシュを中心に前衛の練習法を紹介していきます。大切なことは、「練習のための練習」にならないこと。練習はつねに実戦を想定しながら「試合のための練習」にすることを心掛けましょう。後半に紹介したのは早稲田でいつも行っているパターン練習です。普段の練習にぜひ取り入れてください。

ボレーの練習法

フォームを作る段階や、何らかの欠点を持った練習生を指導するときに、指導者が近い距離から一球、一球、手投げでボールを出す練習は効果があります。この練習で難しいボールを出す必要はありません。指導者にとって大切なのは、練習生が打ちやすいボールを出してあげて、どうすればうまくいくのかポイントを明確に伝えることです。ポイントさえ掴めばプレイヤー同士で行う練習でも効果が上がります。指導者は、意味なく100球打たせる練習より、意味を持った10球の手投げ練習を大切にすべきです。

手投げローボレー

❶

練習法　写真のように練習生に近いポジションから手投げでやさしいボールを出して、アドバイスを入れながらボレー、スマッシュを行う。

手投げスマッシュ

このポジションから手投げで

❶

手投げローボレー、手投げスマッシュ

❷

❷ ❸

ボレーの練習法

　ここからは上げボールを使ったボレーの基本練習を紹介します。ボレー練習のパターンは無数に考えられますが、基本となるのはここから紹介する6パターン。これをマスターしたら自分たちに必要な練習のバリエーションを増やしていきましょう。

❶ランニングボレー基本の4コース

 ボールの出し手（相手後衛を想定）を2人にして、クロス、左ストレート、逆クロス、右ストレートの順番で球出し。ボレーで4コースを打ち分ける。

4 コースボレー

①フォアハンドボレー（クロス）

お互いの後衛がクロスラリーしている状況でポーチに出るケースを想定。ボレーを打つコースはボールが出る方向と反対方向に打つのが基本。球出し（後衛）のほうに打たないようにしよう。

②バックハンドボレー（左ストレート）

味方の後衛が左ストレート（相手は右ストレート）でラリーをしているケースを想定。ボレーは打点を前に取って相手がいないところを狙うのが基本。

③バックハンドボレー（逆クロス）

お互いの後衛が逆クロスでラリーしている状況でポーチに出るケースを想定。バックボレーは後衛がいないところにコントロールしたり、前に落とすのがポイント。

④フォアハンドボレー（右ストレート）

味方の後衛が右ストレート（相手は左ストレート）でラリーをしているケースを想定。このフォアボレーは、インパクトが遅れがちになりやすいので、打点を前に取るイメージを持つことが大切。

ボレーの練習法

❷4本取りのパターン1

試合になると後衛のボールをボレーで止めても一本で決まるとは限らない。これはクロスで右ストレートをバックボレーで止めて、そのボールをフォローされたとの想定で、クロス返球をフォアでクロスボレー、フォローされたロブをスマッシュ、そして最後にボレーでフォローして決める4本ワンセットのパターン練習。この組み合わせは実戦でもよく現れるパターンなので、しっかり練習して対処法をイメージしよう！

 練習法
クロスボレーしたときに相手がフォローするのは逆クロス側になるので、上げボールの人間を左サイドにも置く。

1本目はバックボレーでストレートに ❶

2本目はフォアボレーをクロスに ❷

4 本取りパターン1

練習法 最初のバックボレーをフォローされたと想定して、フォアボレー、スマッシュ、ローボレーの4本取りを行うパターン。

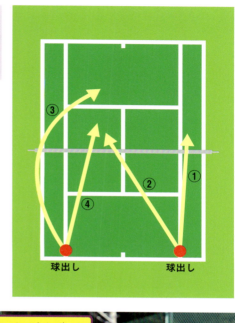

ロビングをスマッシュ

フォローしてきたボールをボレーで決める

❸ ❹

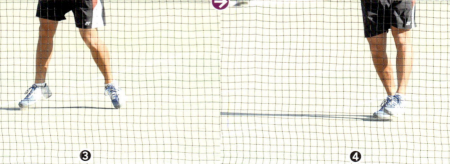

ボレーの練習法

❸4本取りのパターン2

　これは前ページで紹介した4本取りの逆クロスパターン。ストレートの球出しをフォアボレーでクロスに。それをフォローされた設定で、クロス返球をバックボレーして、またフォローされたロブをスマッシュ。スマッシュが決まらなかった想定で、最後にボレーで決めて終わりというパターン。4本目の球出しを工夫していろんなバリエーションにすると、より実戦的な練習になる。

1本目はフォアボレーでストレートに

2本目はバックボレーをクロスに

4本取りパターン2

練習法 パターン1（前ページ）の逆クロスパターン。最初のフォアボレーをフォローされたと想定して、バックボレー、スマッシュ、ローボレーの4本取りを行うパターン。

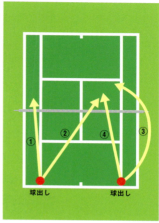

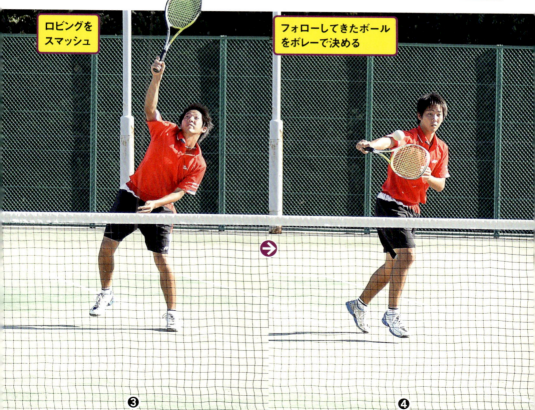

ロビングをスマッシュ

フォローしてきたボールをボレーで決める

❸　　　　　　　　　　❹

ボレーの練習法

❹打ち返しボレー4コース

これは相手後衛のシュート（4コース）を前衛がポーチに出て決めるパターン練習。ポーチに出るときに大切なのは後衛との「間合い」。タイミングが早過ぎれば、相手に逆側に打たれて逆モーションになってしまうし、遅過ぎると届かない。上げボールからスタートする練習でこの間合いを身につけよう。ボレーを打つコースは後衛がいない方向が基本となる。

①（クロス）
クロスのボールをポーチ。ボレーは矢印の方向に

②（右ストレート）
右ストレートのボールをディフェンス。ボレーは矢印の方向に

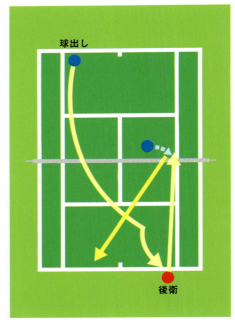

打ち返しボレー4コース

練習法 前衛の後ろからクロスに上げボール。相手の後衛が打つシュートをポーチボレーで決める。

③（逆クロス）
逆クロスのボールをポーチ。ボレーは矢印の方向に

④（左ストレート）
左ストレートのボールをディフェンス。ボレーは矢印の方向に

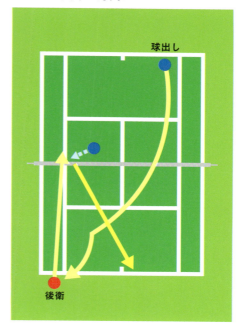

スマッシュの練習法

❺4コーススマッシュ

これは4コースボレーと同じ形で行うスマッシュ練習。どのコースにロブを上げられてもしっかりとスマッシュを叩き込めるようにすることが目的。4コースで行うと単純なスマッシュ練習ではわからなかった得手、不得手がはっきりする。苦手な場所からのスマッシュがわかったら、そのコースからのスマッシュ練習を増やして克服していこう。スマッシュで大切なのは、打点に入ること。しっかりとフットワークを使って、ボールの落下点に入るようにしよう！

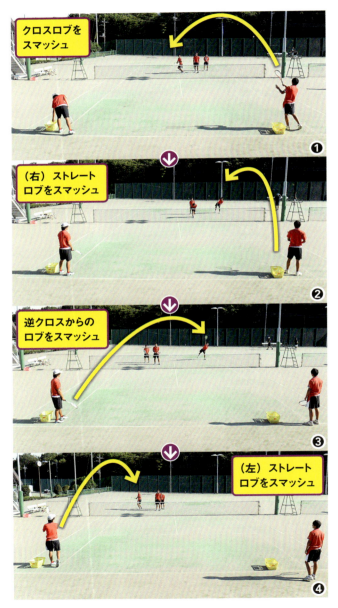

4コーススマッシュ

練習法 球出しを2人置いて4コースのスマッシュを打ち分ける。連続で4本打ったらローテーション。

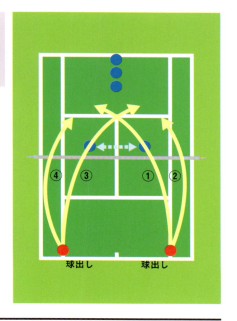

POINT

打つコースは？

スマッシュに自信があれば前衛に打っても構わない①。自信がなかったり、余裕がなくてフォローされそうだったらミドル②、前衛のバック側③、後衛前に角度をつけたアングル④など、コースを狙って打つように。また余裕があるときは後衛がどっちに走りそうか見て、その逆を突くようにしよう。練習はつねに試合を想定して行うことが大切だ

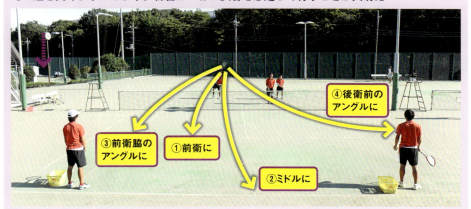

③前衛脇のアングルに
①前衛に
②ミドルに
④後衛前のアングルに

前衛がネットを取る練習法

❻ サーブからボレーへつなぐパターン練習

これは前衛がサーブからボレーにつなぐ練習。相手の前衛を入れて行うと、ボレーのコースを真剣に考えるので実戦的な練習になる。ボレーのコースは後衛の方向が基本。ネットポジションを取るボレーは後衛に返しておけば「何とかなる」くらいのイメージを持とう。相手のレシーブが甘くなって、高い打点で打ち込めるときは前衛にぶつけるかミドル狙い。低い打点のときは前衛に捕まらないようにしながら後衛に返球する。

練習法 前衛がサーブを打ってネットダッシュ。後衛のリターンをボレーで返球する。

サーブからネットダッシュ ❶

クロスに打ったレシーブに ❷

サーブ&ボレー

POINT

逆クロスの場合は？

逆クロスのときは相手の前衛が前にいないので後ろにいる選手の前に打つのが基本。難しいボレーになっても、図のように後衛に返しておけば何とかなる。

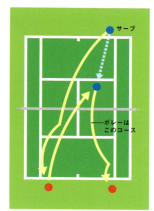

素早く反応して

❸

ボレーでつなぐ

❹

第9章
陣形別攻撃パターン

ここからは陣形別に実戦形式の練習法を紹介していきます。陣形が違えば、攻撃のパターンも、守備のパターンも違って当然。それぞれの陣形の特徴を考えながら実戦に即した効率的な攻めと守りを考えていきましょう。ここで紹介しているのは「これだけは知っておいてほしい」という典型的なパターンです。ペアの特徴を考えながら自分たちに合った練習法もアレンジしていきましょう。

陣形別攻撃パターン

4つの陣形の特色

ダブルスを戦うときの陣形は4つに分けられます。ペアの特徴を生かしながら最適な陣形を選択することが大切です。また陣形によって、戦い方や動き方、戦術が異なります。まずは4つの陣形の特色を考えていきましょう。

①雁行陣

一人が前衛、もう一人が後衛に入って、2人が斜めに並ぶ陣形が「雁行陣」です。これがソフトテニスにおけるもっとも基本的な陣形。攻撃にも守備にも強い陣形なので、雁行陣をとったときの戦い方は基礎としてしっかり頭に入れておいてほしい。

②ダブルフォワード

2人のプレイヤーがネットについてボレーを中心に早い攻撃を仕掛ける陣形が「ダブルフォワード」です。ポイントを取りやすい一方で、コートの後ろに大きなスペースが生じるので、守備が甘くなってしまうというリスクもありますが、最近ではこの陣形を採用するペアが増えています。

4つの陣形

③ダブル後衛（2バック）

2人のプレイヤーがベースライン付近に平行に並ぶ陣形が「ダブル後衛」です。守備型平行陣とも呼ばれるように、2人が下がった形は積極的にポイントを取りにいく陣形ではありませんが、ストロークに自信があるペアの採用が増える傾向にあります。

④Iフォーメーション

プレイの開始時、サーブをするときにサーバーと前衛がセンターラインに沿って直線的に並ぶ陣形が「Iフォーメーション」です。サーブがセンターに入ると、レシーバーは角度をつけたボールが打ちにくいので、前衛はそのボールを狙ってポーチを仕掛けられます。

雁行陣からの攻撃パターン

雁行陣からの攻撃パターン①

ポーチ

　雁行陣からの典型的な攻撃パターンが「ポーチ」。後衛のボールを前衛がボレーで決めるポーチ攻撃は「このボレーさえ練習しておけば……」というほど基本中の基本。前衛はパートナーのボールと相手の打球姿勢などからコースを読み、タイミング良く飛び出すのが理想。ポイントは、相手に次のプレイを読まれないポジショニングだ。

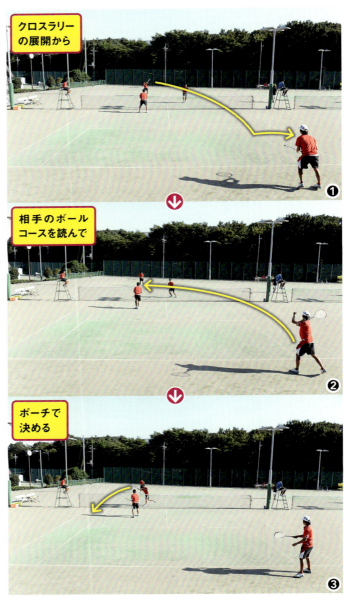

クロスラリーの展開から

相手のボールコースを読んで

ポーチで決める

雁行陣からの攻撃パターン②

ストレートロブ

　雁行陣対雁行陣の戦いから相手の陣形を崩すボールが「ストレートロブ」。後衛は相手前衛の頭上にストレートロブを上げて後衛をバック側に走らせる。写真は典型的なストレート展開から攻撃パターン。ここでは後衛がトップ打ちでミドルに決めているが、もちろん前衛がポーチに出て決めるパターンや、短くなったロブをスマッシュで叩くパターンもある。

クロスラリーの展開から ❶
ストレートにロブを上げて ❷
相手の甘くなった返球を ❸
後衛がミドルに打ち込む ❹

雁行陣からの攻撃パターン

雁行陣からの攻撃パターン③
逆クロスのレシーブ側展開

右の写真は逆クロスのサーブから相手の後衛に回り込ませる形で打たせて前衛がネットに詰めてボレーで決めるパターン。逆クロスからのレシーブ側の展開としてポイントになりやすい攻撃なのでぜひマスターしよう。ポイントは、相手の後衛に「ミドルが空いている」と思わせること。わざと空けておいてそこに打たせるのが最大の狙いだ。

> **攻撃パターン**
> 逆クロスからのサーブを相手のバック側に。回り込んで打ってきた3球目をネットに出た前衛がボレーで決める。

POINT❶
ここに打たせる

レシーブからネットに出る前衛がわざとコースを空けておくのがこの攻撃を成功させるコツ。相手はベースラインから下がったところから（距離がある）打つので、相手が打ってからボレーに行っても間に合う。

POINT❷
相手の前衛が ケアしていたら

相手の前衛（手前）がクロスのコースを締めて守っていたら後衛前のスペースにボレーする。ボレーは相手の前衛がいないコースに打つのが基本だ。

逆クロスのレシーブ側展開

雁行陣からの攻撃パターン

雁行陣からの攻撃パターン④
ロブ展開からのアタック止め

　これは前ページのバリエーション。相手の後衛がストレートに返球してからの攻撃パターン。息があったペアならロブを使った展開から攻めることができる。ポイントは、パートナーがロブを上げたタイミングで前衛が中途半端なポジションを取っていること。相手の後衛に「ストレートが空いている」と思わせて、そこに打ったアタックをボレーで止めるのが狙いだ。

POINT

誘う動き
前衛はボールがバウンドしたタイミングでポーチに出るようなフェイントを入れて、ストレートが空いているような誘う動きを見せる。

フェイント

攻撃パターン
逆クロスからのサーブをレシーブ。ストレートに打ってきた3球目を後衛がクロスロブ。ストレートに打たせて前衛がボレーで決める。

❶ 逆クロスからサーブ

❷ 前衛がレシーブ

ロブ展開からのアタック止め

雁行陣からの攻撃パターン

雁行陣からの攻撃パターン⑤
ロブ展開からのスマッシュ決め

　これも逆クロスのサーブからスタート。前衛がストレートロブを使って相手の後衛を走らせてからの攻撃パターンだ。ここでポイントとなるのは、大きく横に走ってから打つボールが甘くなりがちという点。そのボールをパートナーが前に入ってトップ打ち。しのぎで上げてきた守りのロブを前衛がスマッシュで決めるという展開だ。雁行陣では後衛が作った相手の「死に球」を前衛が決めるパターンは多く見られる。「この形になれば！」というパターンをいくつか持つようにしよう！

攻撃パターン　逆クロスからのサーブをストレートロブ。横に動いて打ってきた甘い3球目を後衛が強打。逃げのロブを前衛がスマッシュで決める。

ロブ展開からのスマッシュ決め

雁行陣からの攻撃パターン

雁行陣からの攻撃パターン⑥
クロスからのストレート展開でボレー決め

これはクロスのラリーからストレートロブを上げて（ストレート展開）、ゲームを動かすパターン。もちろん大きくは走らされた相手の後衛には、ストレートへの返球や逆クロスへのロブという選択もあるが、前衛がしっかりとしたポジション取りをしていないと、後衛は空いたミドルにアタックしたくなる。その心理の逆手をとってボレーで止めるのが試合巧者の前衛だ。

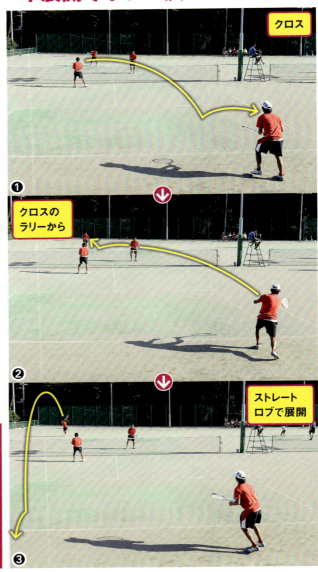

攻撃パターン

雁行陣のクロスラリーの展開からストレートロブを上げて後衛を走らせる。大きく回り込んでフォアで打ってきたアタックボールを前衛がボレーで止める。

クロスからストレート展開でボレー決め

回り込んで打ってくる

クロス方向のアタックを

ボレーで止める

POINT ❶
間合いを詰める

ストレート展開から逆クロスになったときはミドルが空きやすいので間合いをしっかり作ろう。またこの展開になると相手が打てるコースが限定されるので、そこを意識してポジショニングしよう。

NG
センターを空けない

このストレート展開でセンターが空いているとアタックを食ってしまう可能性があるのでしっかりと間合いを作ったポジション取りが必要だ

ダブルフォワードからの攻撃パターン

ダブルフォワードからの攻撃パターン①

| 攻撃パターン | カットサーブを打ってネットに出る。ミドルを狙ってきたレシーブをサーバーがそのままネットに詰めてボレーで決める。 |

　これはクロスのカットサーブからダブルフォワードで攻撃を仕掛けるパターン。ダブルフォワードは守備が甘くなる陣形なので、できるだけ早い段階で勝負をつけることが大切だ。サーバーはミドルレシーブを前に詰めながらバックボレー。このときの打つコースはどこでも構わないが、できるだけフォローされないスペースに打つことを心掛けよう。またボレーは、身体に向かってくるボールを打つのが簡単で、身体からは慣れていくボールを打つのは難しいので、この写真のように、真ん中のボールは対角線に位置するプレイヤーが取るのが基本となる。

クロスのサーブから

クロスで

❶

サーブからネットダッシュ

❷

クロスのサーブから

ミドルのボールを

サーバーが詰めて

ボレーで決める

POINT

ダブルフォワードを成功させるには

ダブルフォワードで大切なテクニックはローボレーやスマッシュだが、後ろのスペースを使われたときには後退しながら打つストロークの技術も必要不可欠。ネットポジションからベースラインに下がって対処するボールも必ず練習しておこう！

ダブルフォワードからの攻撃パターン

ダブルフォワードからの攻撃パターン②

これは逆クロスのカットサーブからダブルフォワードで攻撃を仕掛けるパターン。逆クロスからのサーブは逆クロスにレシーブするのが一種のセオリー。これはそこを待ってサーバーがミドルにボレー決めたパターン。逆クロスへのレシーブをバックボレーでストレートに返すのは難しいので、基本として考えるコースはミドルかクロス。一本で決まらなくてもこのコースに打っておけば相手は後ろに下がりながらの対応になるので有利な状況は継続する。

攻撃パターン　カットサーブを打ってネットに出る。サイドを狙ってきたレシーブをサーバーがそのままネットに詰めてミドルにボレーで決める。

逆クロスのサーブから

❶ 逆クロスで

❷ サーブからネットダッシュ

逆クロスのサーブから

逆クロスのレシーブを

サーバーが詰めて

ボレーでミドルに決める

POINT
オールラウンドプレイヤーを目指そう!

ソフトテニスでは前衛（ネットプレイヤー）、後衛（ストロークプレイヤー）という役割分担しながらダブルスを戦うのが一般的だったが、最近ではダブルフォワードの陣形をとったりシングルスを戦う機会も増えてきた。こうなると前衛、後衛というスペシャリストでは戦えない。前衛はストロークの練習を、後衛はネットプレイの練習を増やし、オールラウンドで戦えるプレイヤーを目指そう!

ダブルフォワードで攻撃されたら

ダブルフォワード対策①

　ここからは相手がダブルフォワードを仕掛けてきたときのレシーバー側の対応を考えてみる。基本となるのはここで紹介する①〜③のパターン。大切なのは、その攻撃の基点となるレシーブだ。まず最初はレシーブをショートクロスに打ったパターン。ここにレシーブが入れば後衛はミドルを中心に広いスペースを張るようにしよう。写真のようにストレートに打ってきたローボレーは前衛ががら空きになったミドルに決める。

ショートクロスにレシーブ

対策パターン クロスからのカットサーブをショートクロスにレシーブ。浮いてきたボレーを前衛ががら空きになったミドルに決める。

レシーバーのポジションはここ

カットサーブの回転を見極めながら

ショートクロスにレシーブ

POINT

役割分担をしっかり

ショートクロスに落としたときは前衛が3（ここに来たら絶対決める）、後衛が7（どんなボールが来てもフォローする）くらいの気持ちで役割分担しよう！

打点を前に取ってショートクロスにレシーブ

浮いてきたボレーを

前衛が決める

ダブルフォワードで攻撃されたら

ダブルフォワード対策②

パターン②は逆クロスから前衛がショートクロスに落とした展開。落とした前衛は当然ネットに詰めるので相手の返球コースはストレートが普通。甘くなったローボレーを後衛がショートクロスに決めるというパターン。ここでポイントとなるのは、ストレート展開になった時点の相手前衛のポジショニング。ダブルスわかっていない前衛ならミドルが空いているのでそこを狙えば良いが、ダブルスがわかっている前衛なら中にポジションを取ってきているはず（❹の写真参照）。その前提でショートクロスに打ったのがこのパターン②だ。

対策パターン　逆クロスからのカットサーブをショートクロスにレシーブ。ストレートにフォローしてきたローボレーを後衛がショートクロスに決める。

逆クロスでショートクロスにレシーブ

レシーバーのポジションはここ

❶

ショートクロスにレシーブ

❷

逆クロスでショートクロスにレシーブ

ストレートに返してきたボレーを

ベースラインの中に入って

左サイドのショートクロスに決める

POINT

相手がダブルフォワードのスペシャリストのときは?

相手がダブルフォワードを取ってくるとそれに対抗してレシーブ側もダブルフォワードを取ることがあるが、ダブルフォワードばかり練習ばかりしてスペシャリストには付け焼き刃の陣形では勝てない。相手のダブルフォワードが強力なときは、雁行陣か2人とも下がったダブル後衛の陣形で戦おう!

ダブルフォワードで攻撃されたら

ダブルフォワード対策③

| 対策パターン | 逆クロスからのカットサーブをショートクロスにレシーブ。ストレートに返球してきたローボレーに対し、後衛がロブを上げて、相手ペアをベースラインに下げる。 |

　これはパターン②からのバリエーションで、後衛がロブを使って相手のダブルフォワードを崩したパターン。大切なのは相手にスマッシュで捕まらない深いロブを上げること。相手を下げたときは雁行陣対ダブル後衛の形になるが、ダブルフォワードが得意な相手なら必ずまた前に出てくる。そのタイミングで出てくる相手を狙うのがポイント。ダブルフォワードが得意な相手でも、相手の形にさせなければ主導権を握ることができる。

ロビングで相手を下げる

レシーバーのポジションはここ

❶

ショートクロスにレシーブ

❷

ロビングで相手を下げる

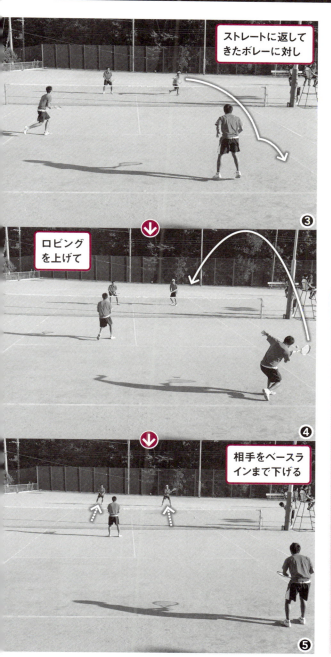

ストレートに返してきたボレーに対し

ロビングを上げて

相手をベースラインまで下げる

POINT

この形から
この形を目指す

①の陣形は相手十分の形だが、②の陣形になればこちら十分。たった一本のロブでも使い方がうまければダブルフォワードを攻略することができる！

ダブル後衛からの攻撃パターン

ダブル後衛からの攻撃パターン①

ダブル後衛の陣形から

ここで紹介しているのはダブル後衛からポイントした状況だが、ダブル後衛には「このパターンで！」という定型はない。前衛を置かないダブル後衛は基本的に守り重視の陣形。積極的にポイントを取りにいくというよりも、粘り強くボールをつなぎ、相手が乱れたところを狙うカウンター勝負がポイントパターン。ここで有効に使ったボールはクロスロブ。ロブで相手を逆方向に振って、相手の陣形を乱し、空いたスペース（ミドル）にシュートを打ち込んで決めた展開だ。

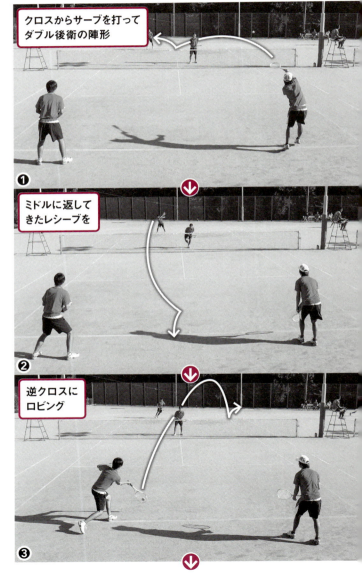

❶ クロスからサーブを打ってダブル後衛の陣形

❷ ミドルに返してきたレシーブを

❸ 逆クロスにロビング

粘り強くボールをつなぐ

ストレートの返球で

スペースができたミドルを狙う

POINT

ミドルにきたボールの処理は？

相手後衛がミドルに打ってきたときはフォア側が取るのがセオリー

ダブル後衛からの攻撃パターン

ダブル後衛からの攻撃パターン②

ダブル後衛の陣形から

これは逆クロス側からサーブを打ったときのパターンだが、ダブル後衛の陣形を敷くと相手前衛のレシーブでも確実にダブル後衛対雁行陣の戦いになる。注意点は3本目のボールを確実に相手後衛に返球すること。ここでポイントとなるのは後衛をバック側に走らせるストレートロブ。厳しいロブになれば、相手はバックで打つことになるし、回り込んだとしてもあまり厳しいボールが返ってこないので、次のショットが狙い目となる。ここでは前衛がストレートポーチにきたのでクロスにシュートを打ち込んだ。

❶ 逆クロスのダブル後衛で相手がクロスにレシーブ

❷ 出てくる相手前衛を避けてストレートに返球

❸ 相手のクロスボールに

ロブを使う

ストレートロブ

④

ストレートに打ってきたボールで

⑤

ポーチにきたらクロスに決める

⑥

POINT
ダブル後衛でもチャンスがくれば積極的に攻める

ダブル後衛に慣れてしまうと積極的に攻めていく気持が萎縮してしまって、短いボールがきても打った後にベースラインに下がってしまうことがある。しかし、本当に強い雁行陣組やダブルフォワードと戦ったらダブル後衛だけでは勝てない。チャンスボールがきたらネットプレイでも戦えるダブル後衛を目指そう！

Iフォーメーションを使った攻撃

Iフォーメーションの基本形①

前衛と後衛の動きは逆になる

Iフォーメーションは自陣で2人が「I」の字に縦に並ぶ陣形です。コートの両サイドには大きなスペースができるので、サーブを打った後に前衛と後衛がブレイク（左右に動く）してスペースを埋めることになります。一見変則的なフォーメーションに思えますが、ダブルスを組み込んだペアならば戦術的な戦い方ができます。

2人が一直線に並ぶフォーメーションから

前衛が右に動いて後衛は左をカバー

Iフォーメーションの基本形①

前衛が左に動いて後衛は右をカバー

Iフォーメーションを使った攻撃

Iフォーメーションの基本形②

レシーブを
ネット前で止める

　これはIフォーメーションが成功した典型例。相手はサーブをストレートにレシーブ。左にブレイクした前衛がネット前に落としてポイントを奪ったパターン。ここでポイントとなるのは前衛が動くタイミング。早く動くと読まれてクロスに打たれてしまうし、遅いとストレートを抜かれてしまう。写真のように、相手との間合いをしっかり作れる前衛ならばIフォーメーションは武器になる。

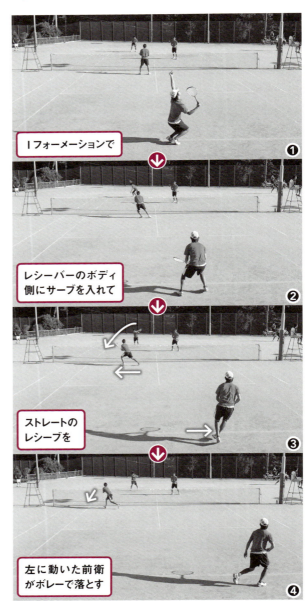

❶ Iフォーメーションで

❷ レシーバーのボディ側にサーブを入れて

❸ ストレートのレシーブを

❹ 左に動いた前衛がボレーで落とす

Iフォーメーションの基本形③

サーブはセンターに入れる

　Iフォーメーションは、ただ2人が縦に並べば良いと言うわけではない。Iフォーメーションを成功させる鍵となるのがサーブだ。Iフォーメーションを敷くと当然ながら左右に大きなスペースができる。そこに簡単に打たれたらIフォーメーションは成立しない。サーブはセンターに打つのが基本。ただコースを突くだけでなく、レシーバーに余裕を持たせないスピードも欲しいところだ。

センターに入れると角度を取られない

上と下は同じ状況でレシーバーのポジションを変えた写真。センターにサーブを入れると後衛が打てるのはこのスペース。サーブでレシーブコースを限定させることがIフォーメーションを成功させる最大のポイントだ。

ワイドに打つと守るスペースが広くなってしまう

ワイドにサーブを打ってしまうと後衛が打つスペースがこれだけ広くなってしまう。これだとストレートケアが必要な前衛はポーチでレシーブを止めることが難しくなってしまう。

Iフォーメーションを使った攻撃

Iフォーメーションの基本形④

前衛がボレーできなかったときは?

　お互いの意思疎通が取れていれば前衛がレシーブを止められなかったとしても問題ない。後衛がしのぎのボールを入れることで、Iフォーメーション対雁行陣の戦いから、通常の雁行陣対雁行陣の戦いに移行することが可能だ。写真は、前衛が右に動いたのに対し、相手後衛がストレートに返したパターン。パートナーの後衛は左に動いてバックで打つことになるが、ここでしのぎのボールをストレートに打てば左ストレート展開。クロスロブを上げれば逆クロスの展開になる。またミドルにロブを上げてもOK。ミドルに打てば鋭角的なボールは返ってこない。

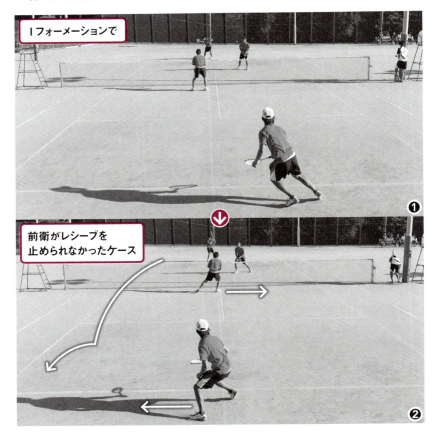

Iフォーメーションで

前衛がレシーブを止められなかったケース

Iフォーメーションの基本形④

POINT
前衛はボールを打つ音と同調してしゃがむ

ネット前にポジションする前衛はサーブの音を聞いて絶妙のタイミングでしゃがむのがポイント。相手からサーブのコースを隠すのが前衛のもう一つの役割だ。

カバーする後衛が

しのぎのボールで陣形を立て直す

クロスロブもあり

Iフォーメーションで攻撃されたら

Iフォーメーション対策

センターにレシーブを通す

相手がIフォーメーションをとってきたときは、どうリターンしたら良いか迷ってしまうが、Iフォーメーションは基本的に相手2人が左右にブレイクするフォーメーション。と言うことは「センター（ミドル）に穴」があるということだ。後衛が理想とするレシーブは、ストレートに打つ素振りを見せてセンターに通す強打。サーバーは右サイドに動いてから逆モーションとなり、さらにバックハンドの対応となるので厳しいボールは返ってこない。

❶ Iフォーメーションからリターン

❷ ストレートに打つようなフォームから

センターにレシーブ

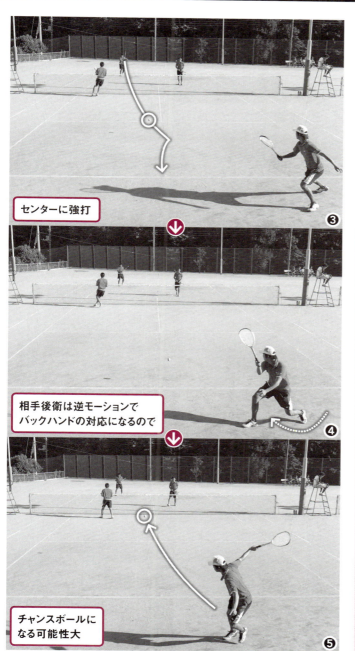

センターに強打

相手後衛は逆モーションでバックハンドの対応になるので

チャンスボールになる可能性大

POINT

流すような構えから引っ張る

ボールを引きつけると前衛がケアするのはストレート。フォームでストレートを見せておいて前衛を左に動かしてから引っ張ってセンターに強打するのが理想のレシーブだ。

引きつけて

クロス

あとがき

　大学ソフトテニス界の頂点に立つ早稲田大学軟式庭球部には、毎年、優秀な選手が集まります。ひとり、ひとりの選手は個性豊かで、独自のプレイスタイルを持っています。しかし、その「個性」の礎となっているのは「基本」に他なりません。しっかりした基本があるから個性が伸びるのです。

　ソフトテニスの面白いところは、単に速いボールや強いボールが打てるからと言って、それが試合の結果に結びつくとは限らないことです。もちろん、本書で重点を置いて解説した基本技術は大切です。しかし、それより大切なのは、その技術を試合に「どう生かすか？」ということです。技術が向上すれば、次は、その技術をどう使うかと考えます。そこからが本当のソフトテニスの世界なのです。

　本書で紹介していることは何も特別なことはありません。しかし、うまくなるための基本だけはしっかりと抑えています。本書をきっかけに、ソフトテニスの醍醐味を味わうことができることを願っています。

監修者プロフィール
小野寺剛 (早稲田大学軟式庭球部監督)

1967年生まれ、東京都出身。ソフトテニス界の名門、巣鴨商業高校から早稲田大学へ進み、学生時代は、インターハイ個人、インカレ個人、アジア学生選手権、全日本総合選手権などのタイトルを獲得。また世界選手権でも3位に入るなど、日本を代表するプレイヤーとして活躍。現在は母校の巣鴨学園高校で教員を務めながら、早稲田大学軟式庭球部監督も兼任。また2015年から日本代表チーム及びナショナルチームのアドバイザーに就任。

撮影協力 (早稲田大学軟式庭球部)
撮影モデル…写真左から

九島一馬
1994年1月22日生まれ。秋田県出身。右利き前衛。東北高校→早稲田大学。大学3年時にインカレダブルス優勝

吉田雄紀
1992年7月3日生まれ。大分県出身。右利き後衛。尽誠学園→早稲田大学。大学3年時にインカレダブルス3位

山田拓真
1992年6月16日生まれ。岩手県出身。左利き後衛。東北高校→早稲田大学。高3時にインハイ2位

高月託磨
1992年4月22日生まれ。岡山県出身。右利き前衛。尽誠学園→早稲田大学。早稲田大学3年時には全日本選手権優勝。4年時は主将としてインカレ連覇に貢献

船水雄太
1993年10月7日生まれ。青森県出身。右利き後衛。東北高校→早稲田大学。大学3年時にインカレダブルス優勝

佐々木聖花
1995年7月24日生まれ。群馬県出身。右利き前衛。→文化大学杉並高校→早稲田大学。大学1年時にインカレダブルス2位

小林奈央
1993年10月31日生まれ。岡山県出身。右利き後衛。→尽誠学園→早稲田大学。インカレダブルス3連覇

STAFF

編集	井山編集堂
写真	井出秀人
本文デザイン	上筋英彌・上筋佳代子・木寅美香（アップライン株式会社）
カバーデザイン	柿沼みさと

パーフェクトレッスンブック
ソフトテニス 基本と戦術

監　修　　小野寺　剛（おのでら つよし）
発行者　　岩野裕一
発行所　　株式会社実業之日本社
　　　　　〒107-0062　東京都港区南青山5-4-30
　　　　　　　　　　CoSTUME NATIONAL Aoyama Complex 2F
　　　　　［編集部］03(6809)0452　　［販売部］03(6809)0495
　　　　　振　替　00110-6-326
　　　　　実業之日本社ホームページ　http://www.j-n.co.jp/

印　刷　　大日本印刷株式会社
製本所　　株式会社ブックアート

©Tsuyoshi Onodera 2015 Printed in Japan（趣味実用）
ISBN978-4-408-45539-6

落丁・乱丁はお取り替えいたします。

実業之日本社のプライバシーポリシー（個人情報の取り扱い）については上記ホームページをご覧下さい。
本書の一部あるいは全部を無断で複写・複製（コピー、スキャン、デジタル化等）・転載することは、法律で認められた場合を除き、禁じられています。また、購入者以外の第三者による本書のいかなる電子複製も一切認められておりません。